法治的细节

罗翔 著

云南人民出版社

果麦文化 出品

序　言

经常有人问我，过去一年取得了哪些成就？

我知道他们希望听到的答案——成为一名网红。但我觉得这不叫成就，只是被命运所砸中。运气并非成就，命运之手把我托举到不配有的高度。让人飘飘然，让人眩晕，最终让人诚惶诚恐。

对有些人而言，网红可能是一个贬义词，但是对我个人而言，网红只是一个中性的词汇，你可以赋予它各种意义。如果通过这个标签让更多的民众认同法治的精神，这是我的莫大荣耀。

我确实非常意外，很多青年朋友会喜欢看我讲刑法，有人说是因为幽默，有人说是因为哲理，但我想这些视频不过是拨动了大家的心弦，与其说是我打动了大家，不如说大家是被自己内心对公平正义的渴望所感动。

苏格拉底在《美诺篇》中提醒我们注意一个悖论：一个人既不能试图去发现他所知道的东西，也不能去发现他所不知道的东西。他不能去发现他所知的东西，因为他知道了便没有必要去探寻；也不能去发现他所不知道的东西，因为那样的话，他甚至不知道他要去探寻什么。苏格拉底解决悖论的方法是认为所有的知识和探寻都只是一种回忆。对于无知的人只需要去提醒他，以便让他自己回忆起他所知道的东西。对公平和正义的渴望是人类的出厂设置，无需被灌输，只需要被激活。

成为"刑法网红"，让我拥有了自己不敢想象，也不配拥有的影响力。我害怕自己滥用这份力量，更害怕自己迷恋这份影响力。

我常常鼓励法律专业的朋友通过热点写作传播法治理念，自己也坚持写法律随笔，感谢澎湃新闻"法治的细节"专栏，让我的随笔有了与公众交流的机会。去年我开始重新审视，自己对热点案件的解读，是不是在消耗热点、追名逐利？

在解读热点案件时，我尽量抽象出普遍性的现象，再分析我们应该如何通过法律去应对。我时刻提醒自己，不要剥削他人，不要利用他人的痛苦，不要为了追逐名利而吞没原本的法治追求。我相信如果一个热点案件的解读，能够促进法治理念的传播与普及，这依然是有益处的。同时，我也更加认识到自己的有限、幽暗与伪善，即使身为专业人士，带着追逐法治理念的初衷去解读案件，也可能会事与愿违。

我们在从事一件有意义的事情，但是遇到阻力时又会觉得毫无意义。虽然在逻辑上，我知道这是不对的。因为当你觉得没有意义，那就一定存在与此相对应的意义之所在。只是，人类从来不是一种完全理性的存在，我们有自己的软弱与感性，我们时常纠缠于虚荣与虚无的诱惑。摆脱这种诱惑的周而复始，是一个至大的福分。

法治在我看来，只是一种悖论性的存在。法治要维护社会秩序，同时又要限制维护社会秩序的力量本身，防止它成为破坏社会秩序的力量。法治只是治理社会的次优选择或者说最不坏的选择。人们的内心深处总有一种对最优选择的追求。但是人类的经验和历史不断地告诉我们，追求最优选择的初衷，最后往往会带来最坏的结果，通往地狱的道路总是看起来在走向天堂。

这个世界充满着太多聪明的"智者"，他们用各种似是而非的观点蛊惑着人们，让我们日益肤浅与独断。亚里士多德在《论智者的谬误》中为"智者"下了这样一个定义：智者的技艺貌似智慧其实不是智慧，所谓智者就是靠似是而非的智慧赚钱的人。

我很害怕自己成为这样的"智者"。我只想和各位一起追寻智慧。这种智慧更多是一种否定性的智慧，那就是承认自己的无知，接受理性的有限，在各种悖论中寻找到似非而是的真理。

我一直将自己定位为一个法学殿堂的门童，邀请各位的光临。相信大家在这个殿堂中会遇到许许多多的大师。如果有人因为我的视频体悟到法治的观念，因为我的课程开始追逐更高的法治理想，因为我的话语更加坚信了法治的力量，我由衷地高兴与感激，这对我也是一种鼓励，让我在大家身上看到了中国法治的希望，让我感到法治所倡导的公平和正义依然是大家心中最深的渴望。作为门童，我所做的事情很小，能起到的作用也微乎其微，我只想邀请大家与人类伟大的先贤对话，感受人类群星的璀璨，超越我们日常生活的庸碌，思考法治真正的要义。

法律在不断进步，法治的细节在不断完善，这种进步与完善是通过一代又一代的法律人与民众共同实现的。

在追逐法治的过程中，我们不可避免地会有灰心和失望，也许还会怀疑自己当初的选择。当你灰心的时候，希望能够有一种力量帮你擦去掉落在心中的灰尘，让法治的热情在心中重新燃烧。当你失望的时候，也许正是因为你对法治太过盼望而沮丧。看见的不用去相信，看不见的才用去相信。在可见的视野中，我们经常看到不公平和不正义，这让我们对看不见的公平和正义更加充满向往。人总要对焦于某种超越生活的存在，才能告别习以为常的平庸与肤浅。因此，我们可以把这种失望看成"矢望"——"矢志不渝"的"盼望"。因为这种对法治"矢志不渝"的"盼望"，我们可以忍受路途中暂时的灰心和失望。并不是所有的怀疑都会导致虚无，很多怀疑是为了更加地确信。

作为老师，有一种极大的喜悦，就是在学生身上看到自己想去追求而没能达到的希望。让我重新回答文章开头的问题，我理想中的成就，就是做一个好的老师，教好法律，传播法治理念，让每个人意识到自己内心幽暗的成分需要被封锁。

过去的一年，大家将诸多荣光投射到我身上，这是我所不配的。今后的每一天，我希望法治的光芒能够照亮每个人的内心与前行的道路。

让我们在每一天的生活中完善法治的细节。

唯愿公平如大水滚滚，使公义如江河滔滔。

目　录

三、正义的实现

四、性刑法

五、读经典

六、对　话

后　记

一、法律与道德

法治如何在不确定中寻找确定性

人生唯一确定的就是不确定的人生，对于刚刚经历疫情的我们而言，可能更深体会到了这句话的含义。

人不可能两次迈进同一条河流，却又始终希望寻找到一个相对确定性的局面——虽然"相对确定"就意味着"相对不确定"。法治的存在就是人类对"相对确定"的追求。

法学是人类最古老的专业之一，人们认为，当一个人的身体出了状况，需要医学；当一个人的灵魂出现了问题，需要神学；而当社会出现了问题，那就需要法学。

法律与秩序

法律是为了解决社会的问题，这个社会最大的问题是什么？

向外看，我们可以看到很多社会乱象，杀人放火、欠债不还、贪腐渎职，但如果从人的内部看，你会发现我们每个人的内心都有幽暗成分，所有的社会乱象都是这些幽暗成分发酵的产物。

试想，如果没有惩罚，社会将变成什么状况。

有些人对人性持乐观态度，认为人生性纯良，喜爱良善，他们相信，人类要不断进化，会有无限的可能性，而且有一天能够控制自己的发展。只要积极地改造社会，提升民众的教育水平，消除不平等的社会现实，就能创造一个美好的黄金世界。

启蒙运动后，很多伟大的哲学家持这种乐观主义态度。比如卢梭，在《爱弥儿》一书中，他特别讨论了个人如何在堕落的社会中保持天性中的善良。该书前言引用了古罗马哲学家塞涅卡的一段话："我们身患一种可以治好的病；我们生来是向善的，如果我们愿意改正，我们就得到自然的帮助。"全书基本上是这段话的展开。

在乐观主义者看来，即便没有法律的约束，人也能自发地互助互爱。他们认为，惩罚是一件坏事，在一个理想的社会中，不应存在惩罚，人与人会自觉地彼此相爱，互相合作。

历史上有两个与梨子有关的故事。一个是孔融让梨，这个故事让我觉得不真实，我觉得自己很难达到这种高度。另一个类似的故事是奥古斯丁偷梨，奥古斯丁在《忏悔录》中忏悔，说偷梨并不是为了吃，他们偷的梨，只吃了几个，其他的都喂猪了——偷梨是为了获得一种偷盗的"愉悦感"——这让我感到真实，人的内心确实有幽暗的成分，有时人并非不知道对错，而是明知是错，却依然要选择错误。

人类历史中，无数的事实告诉我们，没有以惩罚为后盾的法律规则，社会将变得混乱不堪，乌托邦的结局很可能是人间地狱。

道德、宗教也能维护秩序，但它们主要通过改变人的内心来维护秩序，而法律则是以看得见的惩罚对人们的外在行为进行规范，以此来约束人们的不当行为，捍卫社会秩序。

曾有人在网上发帖，为自己的行为辩护。张三本是独生女，上大学后，父母决定再生一个孩子。张三坚决反对，但无效，她非常愤怒。她的父母曾闹过离婚，把两套房子都过户到她名下，现在孩子出生，父母希望能要回一套房子。张三严词拒绝，甚至不惜断绝和父母的联系。

后来，父母遭遇车祸，只留下了这个不到2岁的孩子。叔伯姑姨都希望张三能抚养幼弟，但她考虑到，一个年轻女生带着弟弟，以后不好嫁人，生活也艰苦，最终把弟弟送到了一户条件较差的乡下人家。她还将两套房子变卖，在一线城市买了一套房子，之后嫁作人妇，据说开启了幸福的人生。

用道德力量来谴责张三并没有太大作用，毕竟，张三发帖辩护就是一副"笑骂由他人笑骂，好坏我自为之"的态度，她甚至认为，大家不应对她进行道德绑架。

如果这个故事属实，张三的行为其实不仅违反道德，也违反法律，甚至涉嫌犯罪。

《民法典》第一千零七十五条规定：有负担能力的兄、姐，对于父母已经死亡或父母无力抚养的未成年的弟、妹，有扶养的义务。

《刑法》第二百六十一条规定了遗弃罪：对于年老、年幼、患病或者其他没有独立生活能力的人，负有扶养义务而拒绝扶养，情节恶劣的，处五年以下有期徒刑、拘役或者管制。

既然父母给张三留下了两套房产，她当然是有负担能力的，依据法律，她对2岁的弟弟有扶养义务。如果不履行这种义务，就要承担法律后果。

法律是对道德的最低要求，道德是通过对人的内心约束来维护秩序，但它的力量是有限的。对于那些最严重的违背道德的行为，必须借助法律的手段来惩罚。这样也就可以形成法律和道德良性的互动关系。对那些最严重违反道德的行为进行法律上的惩罚，也能使人们尊重道德规则，自觉地约束自己内心的邪恶。如果只有道德没有法律，长此以往，人们也会无视道德规范。

一如马丁·路德·金所言：我们不能以立法的方式将道德订为法例，但我们却可以调整行为。法律的规定可能无法改变人心，但它能管制那失丧了良心的——法律不能使一个雇主爱我，但它能管制他，使他不能因为我的肤色而不雇用我。

总之，法律最重要的目标就是维护秩序，而要维护秩序必须以惩罚为后盾。只有秩序才能让人类的行为具有相对的确定性。

法治还是人治？

关于政府的治理方式，历来有"人治"和"法治"的争论。人治强调圣贤之治，法治则强调法律之治。

这里我想讲一个和柏拉图有关的故事，他是人类历史上最伟大的哲学家之一，据说后世所有的哲学思想都不过是对其代表作《理想国》的注释。

柏拉图把政体分为五种，按其好坏排序依次是贵族政体、荣誉政体、寡头政体、民主政体、僭主政体。贵族政体关注善，荣誉政体注重荣誉，寡头政体关注金钱，民主政体关注平等，而僭主政体则强调对自己的保护。

柏拉图认为，坏的政体都是由好的政体"堕落"而来，比如，贵族政体的堕落形式是荣誉政体，而荣誉政体的堕落形式是寡头政体，最极端的堕落政体是僭主政体。这种政体是那些得到机会的人通过政变或内战夺取了政权所建立的军事独裁政体。

在柏拉图的视野中，这个世界上可能没有本体性意义的坏，因为所有的邪恶都不过是对美德的背离。据说爱因斯坦称，这个世界没有黑暗，黑暗是光明的缺乏；这个世界没有寒冷，寒冷是热量的消失；这个世界没有仇恨，仇恨是爱的匮乏。我相信这是从柏拉图的观点中所获得的灵感，人类一切的坏都不过是对好的一种偏离、偏离、偏离，再偏离，它并不具有本体性的意义。

柏拉图眼中，最理想的政体就是精英式的贵族政体，也被称为"王政"。柏拉图认为，只有让王成为哲学家，"哲学王"被授予绝对的权力，才能建立王道乐土的美丽新世界，国家会充满智慧和勇气。而柏拉图最瞧不上的就是军事独裁的僭主政体。

但是，公元前387年，柏拉图接过了僭主狄奥尼修斯一世抛出的橄榄枝，去了叙拉古，那年柏拉图年近不惑，40岁左右。

第一次叙拉古之行以失败告终。柏拉图在僭主面前大肆谈论僭主政体的弊端。狄奥尼修斯一世非常生气，差点把柏拉图当场处死，还好有人求情，柏拉图后被赶走。回家途中差点被卖身为奴，还好有个商人把他买下来，给他自由，最终才回到雅典。不知这位大哲学家卖价几何？

二十多年后，柏拉图应该是花甲之年。叙拉古的新国王继位。摄政王迪翁是新君的舅舅，也是柏拉图的粉丝，是柏拉图第一次去叙拉古时结识的朋友。迪翁认为，新国王狄奥尼修斯二世乐于接受哲学，迫切需要指导，所以希望柏拉图能够前来辅佐，将新君培养成理想国中的哲学王。结果，柏拉图又以失败告终。据说狄奥尼修斯二世特别喜欢听柏拉图讲课，甚而听着听着会感动地流泪，称赞老师讲得太好了。但是作为僭主，他内心最大的恐惧是什么呢？是知识的匮乏吗？当然不是，而是丧失权力的恐惧。他总是担心他的舅舅迪翁有篡权的可能，"为什么舅舅把柏拉图请来呢？让柏拉图教我？这背后一定有阴谋"。新王害怕权力被人夺，所以将舅舅驱逐，还派兵欲取柏拉图性命，幸好叙拉古发生了内战，让柏拉图侥幸存活。柏拉图费尽周折终于回到雅典。

但这位伟大的哲学家依然对人性过于乐观，第三次前往叙拉古，为调解新王与迪翁的矛盾，然而调解不成，自己反被囚禁。据说，柏拉图又被卖为奴隶，后被他的学生斐多赎回。斐多以前也是一个奴隶，柏拉图赎买了斐多，斐多最后买回柏拉图，师生互不相欠。狄奥尼修斯二世这位柏拉图曾经的学生，虽然非常喜爱哲学，却并未贤明仁爱，反而更加独裁霸道。后来，迪翁起兵推翻外甥的王位。再后来，迪翁被人谋杀，僭主重回宝座。

已届风烛残年的柏拉图回首一生，写下了他最后一部作品《法律篇》，他开始认为，只有法治才是现实的。[1]

柏拉图认为，哲学王的完美统治不具有现实可能性，如果追求最优选项，反而会导致最坏的结果，法治虽不是最好的选择，也是一个避免最坏结果的"次优"选项。如果政府受到法律的限

1　参见[美]马克·里拉：《当知识分子遇到政治》，邓晓菁、王笑红译，中信出版社，2014年，第184—187页。

制，才有可能模仿完美统治者的"技艺"。我们画不出一个完美的圆，只能借助仪器画出一个"相对完美"的圆。

柏拉图前往叙拉古的故事告诉我们，法治的根本前提是对人性现实主义的把握。人性存在幽暗的成分，任何人组成的机构都有败坏的倾向。人性中那些天然的良善和道德，时刻面临着各种严酷的试探和特权的侵蚀，并且事实无数次地证明，人性无法抵制这些致命的诱惑。

英国前首相威廉·皮特说："不被限制的权力倾向于腐化那些拥有它之人的灵魂。"这也恰好印证了阿克顿勋爵的至理名言："权力导致腐败，绝对权力往往导致绝对腐败。"因此，为了保护权力的拥有者不至于堕落为魔鬼，不至带给人类巨大的灾难，必须对其权力加以最为严格的约束。

哲学王一般的君主，拥有通天的智慧和通天的权力。但是明君和暴君的界限不过一线之隔，瞬间就会发生变化。这就是为什么柏拉图的叙拉古之旅提醒我们，人总是想追求最优选择，但最后总是会事与愿违。与其这样，我们不如退而求其次，通过次优选择来避免最坏的结果，人永远不要在自己看重的事情上附着不加边际的价值。

法治的一个重要使命就是对权力进行限制，防止它腐坏堕落。法律的目标是维护秩序，但是维护秩序的力量也要受到法律的约束，否则就会成为秩序的破坏力量。

因此，法律不是一种工具，它具有独立的价值，它要让一切权力在规则下运行，只有这样才能保障民众的自由。如果法律只是一种工具，权力的滥用也就不可避免，人治可以打着法律的名义大行其道，人也就不可能拥有真正的自由。任何事物一旦成为工具，就必须为使用者服务，当工具可以满足使用者的目的，工具可以获得各种赞美，而当工具妨碍了使用者的目的，自然也就会被弃之如敝屣。如果法律只是一种工具，会无法避免为人任意裁剪取舍的命运。

二十世纪最伟大的哲学家之一海德格尔也曾和纳粹合作，后出任海德堡大学校长，据说他在希特勒身上看到了哲学王。二战后他重返教职，便有同事当面质问："君从叙拉古来？"不知海德格尔作何感想。[1]

今天，我们谈法治与人治的区别，法治虽然不是一种最优的治理方式，但却是一种避免出现最坏结果的次优的选择。法治最重要的精神就是对权力的限制，只有这样自由才能得到保障。

试想，如果你是海德格尔，面对希特勒的橄榄枝，你会如何选择？

一元论与多元论

20 世纪有一位杰出的自由主义思想家以赛亚·伯林（Isaiah Berlin），他曾把思想家分为两种，狐狸与刺猬。刺猬之道，一以贯之，是为一元论；而狐狸则圆滑狡诈，可谓多元论。

一元论，黑白分明，立场鲜明，试图以一个理论、一个体系囊

1　参见[美]马克·里拉：《当知识分子遇到政治》，邓晓菁、王笑红译，中信出版社，2014年，第39页。

括世间万象。而现在的人们很喜欢使用一元论的思维，因为这很容易迎合人们理智和情绪上的需要。但一元论的思维却在人类历史上带来了无数浩劫，比如德国纳粹对种族的不宽容。相较而言，承认理性有限，立足现实的多元论却少了很多刀光剑影。

一元论的思想家，比比皆是，他们经常把不接受自己观点的人视为敌人，认为他们在道德上是败坏的。相反，多元论虽然有自己的立场，却能看到对立的立场也有相对合理性，不会随意对人进行人身攻击。

古希腊诗人阿尔齐洛克斯写过这样一句诗：狐狸观天下事，刺猬以一事观天下。

大家觉得法治的前提是一元论还是多元论呢？在我看来，它既是一元论，又是多元论。

法治的要义：良法而治

法律要追求公平和正义。你也许马上会想到如下几个问题：这个世界有正义吗？正义是客观的，还是主观的假设？正义是人"发明"的，还是"发现"的？如果有正义，法律中应当追求什么样的正义呢？

这个问题是人类最古老的问题之一，如果正义只是人的一种发明，那它不过是一种假设。

《理想国》最核心的主题就是正义。这本书中有三组代表人物，一是苏格拉底，二是诡辩派的代表人物色拉叙马霍斯，三是格劳孔兄弟。

苏格拉底相信世界上存在客观的正义，但色拉叙马霍斯认为正义只是强者的说辞，强权即真理，正义只是强者的利益。格劳孔兄弟则持怀疑主义的态度。

客观主义、相对主义、怀疑主义基本上贯穿于人类社会的始终。

今天，也有很多人信奉色拉叙马霍斯的哲学，认为没有什么是绝对的对，也没有什么是绝对的错。如果要给这种立场贴上一个标签，这叫做相对主义。

至于怀疑主义，迟早也会滑向相对主义的深渊。

其实我们很容易发现相对主义的逻辑漏洞，因为当你认为没有什么是绝对的对，也没有什么是绝对的错时，你本身就是在主张一种绝对的观点，"没有什么是绝对的对，也没有什么是绝对的错"这种观点本身不也是绝对的吗？

如果持相对主义的价值观，人类一切的道德秩序都可能崩溃，我们也就失去了谴责罪恶的能力。如果没有绝对的对错，那么喜爱吃人肉不也是一种口味问题吗？恋童癖不也只是一种生活方式吗？

在我看来，苏格拉底彻底驳斥了色拉叙马霍斯的相对主义。我相信正义是客观存在的，否则，当人们认为一件事情不正义，这种说法是毫无意义的。

用圆圈的比喻，也许能帮助我们去理解正义与良善。人能画出一个完美的圆吗？在现实中，无论我们用任何仪器都无法画出一个真正完美的圆。但"圆"这个概念是人的发明还是人的发现呢？

显然，圆这个概念是客观存在的。这就是为什么人类会不断地改进方法去尽力画出一个完美的圆。现实中所有的圆都是有缺陷的，但这并不意味着，客观上理想的圆是不存在的。

如果把"圆"看成一种关于正义的隐喻，那每一个画"圆"的决定都是一种与正义有关的追求。

一般说来，至少有三种关于正义的态度：

一种是随意乱画，比如有人画个四边形，然后称之为"圆"。如果居上者如此为之，可能为了测试下属的忠诚度，比如赵高的指鹿为马。如果居下者如此为之，那可能是唯领导马首是瞻。

另一种人很用心地手绘圆圈，但无奈所画之圆就是不太规则。他们中的一部分会灰心丧气，甚至干脆放弃画圆。这些人会觉得世上本无圆，庸人自扰之。既然我们所做的一切离正义那么遥远，那么根本就没有正义，这是怀疑主义。理想破灭之后的虚无会让这些人以犬儒讥诮的心来看待一切，也就慢慢转变为第一类人。

第三种人用先进的仪器画圆，比如说使用圆规。当他们画出一个合格的圆，他们会非常开心。但慢慢地他们开始陶醉于自己所画的圆，他们觉得这个圆太完美了。当不可一世的自恋充满着他们的心思意念，他们也就会将自己所画的圆定义为"圆"的标准。如果有人提醒他们，其实还有更完美的圆。他们会把这种意见当成对自己的挑战，因为他们俨然已经是真理的代表。绝对的权力导致绝对的自恋。

上述三种立场肯定都是错误的。

在法律中，我们认为良善是存在的，一如圆一样，由于人类的有限性，我们画的圆都不完美。虽不能至，心向往之。

首先，我相信正义是客观存在的，这似乎是一元论的观点，但是人又无法在现实中画出那个完美的圆，实现彻底的正义，这似乎又是多元论的观点。

人类的有限性决定了我们的认识永远是有局限的，因为人类的经验是有限的，人是世界的一部分，不可能走出世界看到整体。也许，我们所有的认识都是盲人摸象，只能看到局部，看不到整体。

但是，无数个摸象的盲人就能拼凑出一个关于大象相对整全的看法，需要注意的是，象是客观存在的，它并非出于人的主观假设与想象。

因此我们需要接受批评，没有批评的声音，人很容易轻信各种看似合理的观念，被种种虚假的信念所淹没。

因此，我们依然要倾听苏格拉底的智慧。承认自己的无知，乃是开启智慧的大门。

智力和智慧是两码事，很多人有智力，但不一定有智慧。

托马斯·索维尔提醒：智慧是从你经历的一切中获得理解，它并非头脑中的智力游戏。智力的反义词是迟钝，智慧的反义词是愚昧，愚昧比迟钝会带来更大的危险。很多智力发达的人也许非常愚昧。[1]

奥威尔曾经说过：有些理念是如此愚蠢，以至于只有某个知识分子才可能相信它，因为没有任何一个普通人会愚蠢到相信那些理念。

翻开人类的历史，充斥着愚蠢的智力发达人士。所以，我们需要警惕绝对怀疑主义和相对主义。我们需要接受怀疑，但不能彻底拥抱绝对的怀疑主义。怀疑的目的是修正，而不是彻底的破坏，

1　[美]托马斯·索维尔：《知识分子与社会》，张亚月、梁兴国译，中信出版社，2013年，第4页。

从而陷入虚无。怀疑主义的根本错谬在于，对其怀疑本身是不怀疑的。我们认识的真理是有限的，但并不代表真理是相对的。

正如大学"University"这个英文单词，一个是"普遍性"（unity），一个是"多样性"（diversity），既要有普遍性的视野，又要有多样性的包容。道生一，一生二，二生三，三生万物，我们不能因为万象否定了一，也不能因为一，就无视万象的丰富多样性。

这就是为什么法治的前提既是一元又是多元。法治要追求公平和正义，正义是客观存在的，否则法律不过只是一种工具。只是绝对正义在彼岸，有限的人不可能拥有绝对的正义。幻想在现实中去实现绝对的正义，这些看似善良的愿望，往往把人们带入人间地狱。我们必须接受人的有限性。

法治的要义：普遍遵守

法治的第二个要义是普遍遵守。很多人不愿意遵守规则，因为他们觉得规则是对弱者适用的，强者自然要超脱规则。

与法治相似的一个词语是"法家"，"法治"与"法家"虽只一字之别，却差之千里。唐高宗年代，将军权善才因毁昭陵之树，依律只是罢官免职，但高宗硬要将其处死，而且毫不隐讳："善才情不可容，法虽不死，朕之恨深矣，须法外杀之。"法家崇拜权力，权力永远超越法律，知法守法只是针对老百姓而言的，权力则高高在上，可以任意悔法造法。

早在清末，当时的修律大臣沈家本[1]就一针见血地指出法家与法治的区别，他说：法家只是专制的工具，民众没有任何自由可言，而法治的一个重要命题是为了约束权力，让民众拥有自由的便利。

如果只信法家，也许你会认为规则是给普通人制定的。但是法治却强调，所有人尤其是强者都要受到法律的约束。

在今天这样一个不断变动的世界，我们希望法治能够带给我们相对的确定性，这种确定性来源于对正义的渴望，即使我们只能追求一个有瑕疵的正义。法律的规则对每一个人都具有约束力。所有幻想跳出法律规则的强人，即便怀揣着善良的愿望，也可能给世界带来一种更大的不确定。

每次我读到《理想国》，看到柏拉图笔下的苏格拉底笃定地认为这个世界存在 Good（良善），我真的很感动。但同时我更感动的是，苏格拉底自认他的智慧相当于大海中的一滴水，承认自己的无知。

我们每个人都并不优越于他人，每个人都是有限的。我们时常需要聆听苏格拉底的德尔菲神谕，承认自己的无知和有限、渺小和幽暗。愿法治能带给大家相对的确定性。

1　沈家本（1840—1913），字子惇，别号寄簃，浙江湖州人。清末官吏、法学家，被誉为中国近现代法学的奠基人，是第一个为中国引进西方法律体系的法学泰斗。曾建议废除凌迟、枭首、戮尸、缘坐、黥面、笞杖等酷刑，并且改革刑律，修订了《大清现行刑律》以取代《大清律例》，参照西方和日本刑法制定了《大清新刑律》。

从法律角度破解电车难题

　　在伦理学领域有一个知名的思想实验，叫做"电车难题"，内容大致是：一个疯子把五个无辜的人绑在电车轨道上。一辆失控的电车朝他们驶来，并且片刻后就要碾压到他们。但你可以拉一个拉杆，让电车开到另一条轨道上。然而问题在于，那个疯子在另一个电车轨道上也绑了一个人。面对这种情况，你是否会拉拉杆呢？

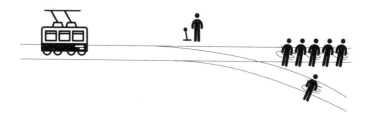

　　电车难题最早是由哲学家菲利帕·福特（Philippa Ruth Foot）在 1967 年提出的，用来批判伦理哲学中的功利主义。然而电车难题不仅仅涉及哲学和伦理学，更涉及刑法学。

在历史上，其实发生过很多类似"电车难题"的真实案件，比如经典的1884年"米丽雷特号"案（R v. Dudley and Stephens）。1884年一艘名叫"米丽雷特号"的轮船在暴风雨中沉没，四名船员，包括船长杜德利、大副史迪芬斯、船员布鲁克斯、杂役帕克，都被迫逃到救生艇上。而此时的帕克由于不听劝告喝了海水，奄奄一息。

四人在吃掉了救生艇上所有的食物后，已经有八天没有进食了。在漂泊19天后，杜德利船长建议抽签，谁抽到就会被杀，以拯救剩下的人。船员布鲁克斯则保持沉默。

后来，船长杜德利决定将已经气若悬丝的帕克杀死，大副史迪芬斯表示同意，于是杜德利将帕克杀死了，没有丝毫反抗能力的帕克只能发出微弱的反抗声："为什么是我？"三人靠帕克的血和肉存活下来，杜德利和布鲁克斯消耗了大部分人肉，史迪芬斯吃得很少。

最后，在漂泊第20天，一艘德国轮船从旁边经过，三人获救。回到英国后，船长杜德利和大副史迪芬斯以谋杀罪被起诉，最后法官认定杜德利和史迪芬斯有罪。

这个案件在法律界争论不休，一方持道义论的态度，认为禁止杀人是基本的戒律，人的生命是不能比较的，应该判处有罪。另一方则持功利论的态度，认为多个人的生命比一个人的生命更加重要，牺牲少数人的生命保全多数人的生命是正当的，应该判处无罪。

双方针锋相对，各不相让。那到底杜德利和史迪芬斯该不该被判有罪呢？这里的关键就在于，这起案件中杜德利和史迪芬斯是否构成紧急避险。法律中紧急避险指的是在紧急状态下，为了保全自己或他人的合法权益，可以通过损害一个较小的利益来保全一个更大的利益。

比如 2012 年 8 月，4 名男子前往俄罗斯远东雅库特地区探险时失踪，那里气候条件非常恶劣，极其偏僻。有两人被救援人员发现，救援人员在露营地发现一具人类尸骸。两人靠吃掉同伴的尸体而存活。这种案件属于紧急避险没有争议，生命权自然是高于尸体尊严的。再如，张三遭到李四追杀，看到王五骑着摩托车，于是把王五的摩托车抢走，导致王五摔伤，这是张三为了保全自己的生命，损害了王五的财产和健康。利大于弊，所以张三不构成犯罪。

在"米丽雷特号"事件中，为了三人的生命牺牲一人是否成立紧急避险？如果不考虑伦理，仅从价值量化的比较上看，3 大于 1，收益大于成本，当然成立紧急避险。

然而，任何人的生命都是无价的，因此，这起案件的问题的关键并不是生命的价值比较，而是必须践行尊重生命的道德规范。如果无视道德规则的指引，在法律中只是进行功利的价值比较，那么整个道德秩序可能崩溃，社会也会瓦解。

在这起案件中，法官最后认定杜德利和史迪芬斯有罪的理由是：法官认为对于谋杀而言，是不能适用紧急避险制度的，因为生命不能比较。法官在判决书中明确指出：挽救生命通常是一种责任，但是牺牲生命也可能是最朴素和最高贵的责任。

比如在战争中就充满着为了他人从容赴死的责任，在海难中，船长、船员对于妇女儿童同样有这种崇高的责任。正如在抗击新型冠状病毒的战役中，许多医护人员，冒着自己的生命危险挺身而出，这种崇高感令人动容。

但是这些责任赋予人类的义务，不是为了保全自己的生命，而是为了他人牺牲自己的生命。没有人有权力随意决定他人的生死。

当然，我们必须承认很多时候我们都会面对试探与诱惑，但是不能将诱惑作为犯罪的借口。作为法官，为了公正审理，我们常常被迫建立起自己都无法达到的标准，制定我们都难以企及的规则。

但我们不能因为诱惑的存在就改变或削弱犯罪的法律定义。最终法院宣布杜德利和史迪芬斯构成谋杀罪，并处以他们绞刑。后来维多利亚女王宣布赦免，将死刑改为监禁半年。[1]

从这起案件中你会发现，在紧急避险中，不可避免地要进行利弊权衡，但值得注意的是，这种利益的比较必须接受道德主义的指导，否则根本无法得出答案。同样，如果功利主义不接受道义的指导，法律就可能沦为纯粹的工具。

曾经有一个代表性的案件——姚莉事件。姚莉是某银行工作人员，一日歹徒来抢劫，保险柜中有 30 万元现金，抽屉里有 2 万元现金，姚莉和歹徒周旋，给了歹徒 2 万元，成功地用 2 万元财产保全了国家 30 万元财产。但后来姚莉被开除了，理由是为什么不用生命去保护国家的 2 万元财物。

国家财产和个人生命，孰大孰小，如果仅仅从功利主义考虑，其实很难界定。但是在道德主义看来，生命显然是至上的，没有

1　R v. Dudley and Stephens [1884] 14 QBD 273 DC.

任何物质价值可以与生命相比。

在"米丽雷特号"事件中，试想一下，如果你是那个被牺牲者，你是否愿意葬身他人腹中呢？

"你希望别人怎么对你，你也要怎么对待别人"，这是普适的道德金律。人不能成为实现他人目的的纯粹工具，无论为了保障何种社会利益，无辜个体的生命都不能被剥夺。

比如，如果你接受电车案中冷静的价值对比式的功利计算，那么在食物紧缺的情况下，是否可以牺牲精神病人和智力残疾者？是否可以为了挽救大有前途的年轻人，而任意割取无辜老人的器官？为了挽救自己爱人的生命，是否可以随意抽取不愿献血的他人的血液呢？社会存在的前提是对生命的尊重，而离开了对生命的尊重，社会也就不复存在。

你可能会反驳说：现代社会价值多元，法律不应将民众束缚于一定的伦理秩序内，否则就是用"法"的名义在推广自己的价值观。然而，多元社会就没有必须坚守的价值吗？是道德规范，还是无视道德规范的功利主义更容易以"法"的名义强行推广自己的价值观？

现代社会的确是一个价值多元的时代，但任何时代都有一些必须坚守的基本价值。所谓"天变地变，道义不变"。

英国剧作家切斯特顿（Gilbert Keith Chesterton）说：一个开放的社会和一张开着的嘴巴一样，它在合上的时候要咬住某种扎扎实实的东西。难道我们可以说，"不得随意杀人""不得随意强暴"等价值立场也可动摇吗？难怪有人说，如果没有绝对的对与错，那么食人也只是一种口味问题。

人们很容易把价值观与偏见等同起来，但两者有云泥之别。每个人都有自己的偏见，这种偏见其实就是一种价值观，有偏见的价值观并不可耻，可耻的是不愿意倾听他人的观点，也拒绝通过他人的观点来修正自己的价值观。

偏见的人无法容忍也不愿意倾听他人的观点，通常都自以为优越，无法容忍质疑。

对道义论提出质疑的有两类案件。

一类是击落恐怖分子劫持飞机案。恐怖分子劫持民航飞机撞击大楼，是否可以击落飞机以保护更多民众的生命？有人认为，这当然是一种正当的紧急避险。如果击落行为是违法的，他人就可以阻止乃至防卫，因而会牺牲更多的生命。

对于这种极端案件，我的理解是这并非紧急避险，而是类似战争的法令行为。一般说来，道德规范并不反对自卫战争的正当性。因此，如果击落行为是国家基于正当程序所做出的合理命令，那么这可以视为一种正当行为，对其自然不能防卫。

另一类是连体婴儿切割案。G 和 R 共用 G 的心脏，G 各方面都发育正常，而 R 发育不正常。R 缺乏心肺功能，如果不是与 G 相连，在出生的时候，她早就已经死亡。那么，是否可以分割连体婴儿呢？

通俗来讲，R 其实是寄生在 G 身上的，她和 G 共同争夺生存所需要的养分。如果 G 能够说话，她肯定会认为 R 正在侵犯她的生命权。因此，医院的手术其实只是为了保护 G 的合法权益而进行的正当防卫。这其实并非生命与生命的比较，而是类似当歹徒在杀人，为了保全被害人的生命见义勇为。同时，把寄生在健康的 G 身上的 R 从 G 身上分离出来，医生并没有杀死 R，只是对没有存活希望的 R 不再采取积极的措施延续她的生命，而是让其自然死亡。[1]

总之，在危难来临的时候，我们可能有一种道德上的义务，我们可以为了保全别人的生命来牺牲自己，但这只是个人的一种道德义务，你不能够把它演变为我可以牺牲他人来保全我自己或保全另一些人的生命，因为道德在绝大多数情况下都是一种自律，而不是他决。

1　　Re A (conjoined twins) [2001] 2 WLR 480.

我们为什么要诚信？

每年 5 月，学校里都会比较忙，因为又有一批学生要毕业答辩。现在的毕业生好像比老师还忙，都忙着在论文查重。毕业生们在网上集体吐槽"不知知网"的博士艺人，好像他是加剧这份"艰难"的始作俑者。

网上同时也有一则新闻，建校 124 年的日本京都大学首次因为学术不端而取消了一个博士的学位，该论文因没有明确标记引用 9 处、借鉴他人的想法等共计 11 个不正当之处，故被认定为抄袭。[1]

"论文"要自己写，本就是无须特意申明的事，但这个议题之所以能够持续引发社会的热议，一方面是因为"学术诚信"没有成为部分学生内心敬畏的原则，这是诚信教育的缺失；另一方面或许是因为"博士不知知网""往届变应届"之类学术不端的现象越来越多，这种不公平的竞争伤害了每一个学子内心的公平与希望。

1　罗梦婕：《日本京都大学首次因学术不端取消一博士学位》，红星新闻，2021-05-26。

诚信的前提离不开人所持的有关正义的信念，不同的信念决定了人们不同的立命之法。孔子说："民无信不立。"意思是，国家不能得到百姓的信任就危险了，后引申指做人、为学都应诚信为本，否则无法安身立命。当象牙塔内的学术不端司空见惯，我们不禁怀疑，人为什么要诚信，学术为什么不能不端？这个问题如果不说清楚，人很难诚信，学术也无法摆脱不端的宿命。

在学术诚信这个问题上，我想柏拉图应该依旧能带给我们一些灵感，当你认真地读完《理想国》，你会发现，求学问道的过程中，如何看待学术不端，其实就是代表着你对于正义观念的选择。

如果你拥抱强权论，认为正义是强者的利益，权力决定正确，强者指黑为白，指鹿为马，弱者也必须接受，那么学术不端就是一个伪问题。正如某位"不知知网"艺人被曝光只能证明他不够强大，刷屏的鸡汤文被删道理也是一样。只要你足够强大，即便在众目睽睽下作假，你也可以以人格、生命、名誉担保，你没有作假。

如果你接受功利论，认为只有当诚信能带来或名或利的好处，人才可以诚信，做人的最高境界就是有诚信之名但不行诚信之事，那么学术不端也是可以被理解的，只要充分地权衡利弊得失，在可见的经验领域内利大于弊，那么就没有必要遵守学术道德。学者的最高境界就是拥有完美的学术声誉，但却可以没有任何真才实学。

如果你选择了柏拉图所推崇的道义论，认为正义本身就是一种客观的善，坚持正义，人的心灵才可能井然有序，充满喜乐，正义不是幸福的工具，正义乃是幸福本身，那么学术不端就是学者的最大耻辱。这就如康德所说，"道德本来就不是教导我们如何使自己幸福，而是教导我们如何使自己无愧于幸福"。

虽然在可见的经验世界中，这种选择可能意味着艰辛无比。经院哲学家托马斯·阿奎那（Thomas Aquinas）在年少时，由于长得笨重，身材跟葡萄酒桶差不多，而且不懂变通，所以有"笨牛"的绰号。有一次有同学说，窗外有一只会飞的牛。阿奎那马上跑到窗边去看，结果并没有看到会飞的牛。全班同学哄笑，取笑阿奎那的愚蠢，牛怎么会飞呢！阿奎那却说，相比于会飞的牛和同学的欺骗，后者更让人感到可笑和荒谬，自己宁愿相信牛会飞，也不愿意相信同学、朋友会欺骗自己。

柏拉图用洞穴譬喻告诉人们，那些见过光明的人不得不重下洞穴，等待他们的一定是陡峭崎岖的人生。

严格来说，这三种有关正义的信念都不能完全说服我。

强权论自不必说。

对于功利论，首先它的结论是不稳定的。长远来看，我遵守诚信原则会带来好处，但这个"长远"是多少年呢？3年够不够长远？我诚信经营3年，亏损300万，隔壁的张三天天卖注水肉，已经赚了上千万。我很难不嫉妒，所以我在想还要不要诚信呢？我豁出去决定再搞一年诚信经营，结果一年过去了，亏得店面都赔进去了。

同时，它还存在着一种道德难题，如果只是根据后果来决定是否诚信，那么诚信只是一种需要权衡利弊的附条件规则，根本就不是一种值得推崇的美德。

道义论的困惑在于，如果在可见的经验世界，诚信根本无法给人带来有利的后果，人们有什么动力去坚持诚信？如果身边充满着学术不端但功成名就的"典范",又有几人能够坚持坐冷板凳的精神?"一箪食,一瓢饮,在陋巷,人不堪其忧,回也不改其乐。"孔门圣人的操守,凡夫俗子几人能及?

很多时候道义论又显得过于教条,要求人在任何情境下都不能撒谎。有人曾经举过一个这样的例子:假定在"二战"期间,一名德国士兵到了一位老太太家,老太太家藏了一些犹太人。那德国士兵对老太太说:"老太太,你是一个天主教徒,我知道你是不能撒谎的,那你诚实地告诉我,你家里有没有藏匿犹太人?"

如果你是这位老太太,怎么回答呢?康德的解释是顾左右而言他,康德认为人是不能撒谎的,因为你撒谎就是把别人当成了手段,而人只能是目的,人不能是纯粹的手段。

所以你也不能把这名纳粹士兵当成纯粹的手段。老太太可以顾左右而言他,说昨天早上七点在村头看到过犹太人。她没有对纳粹士兵撒谎,因为她的确看到了,只是没有说还把犹太人收留了。所以她对纳粹士兵没有撒谎。

其实大家会发现,我们经常都会这么做,比如说张三赴一个约会,他出门就晚了,结果在路上还堵车,朋友打电话来问,他就说"路上太堵了,只能晚了"。这种"顾左右而言他"的有意隐瞒部分事实的做法,似乎又有那么一点虚伪和伪善。

这就提醒我们,任何一种观点其实都是有短板的,我非常欣赏一种叫做道德功利主义的做法,也就是说,追求结果本身并不坏,关键看这种结果是否符合道义。

比如,张三想和李四结婚,结婚是一个结果,但张三想娶李四的原因是她在北京有8套房,在上海有88套房,在深圳有888套房,所以张三迫不及待地想跟她结婚。那这种以结婚追求利益的功利,当然是不好的。只有当张三爱上了李四,这种基于爱情而追求结婚的功利,才是好的。

论文抄袭亦是如此。研究生张三写论文,追求学术成果考上博士。考博士是一个结果,但张三发论文的途径是抄袭别人的科研成果,夸大甚至造假实验的成果,那这种剽窃而来的"考上博士"的功利,当然是不好的。只有当张三认真进行学术研究,得到自己的学术成果,才是好的。

所以用道德主义来进行结果意义上的比较,就是道德功利主义。

除了剽窃学术成果这种恶劣的失信行为,很多时候,你会发现善与善之间会发生冲突。禁止杀人是对的,禁止欺骗也是对的,但是禁止杀人和禁止欺骗这两个戒律之间会有冲突,就像纳粹士兵与老太太的案例,要根据情境主义做一种道德的功利的比较,为了保全别人的生命,欺骗纳粹士兵,我觉得是可以接受的。

如果我是一个"二战"期间的签证官员,有一群犹太人要逃到其他地方去,我在工作上作假,给他们派发了签证,我个人觉得是可以接受的,因为我依然持守道义论,只是这是一个情境主义的多元道义论。

这个世界充满着诡诈和欺骗,法律只是对人最低的道德要求,它无力改变人心,虽然它必须在捍卫道德底线层面有所作为。

卡尔维诺写过一个短篇小说叫做《黑羊》,说的是一个窃贼之国,每个人都昼伏夜出,以偷窃为生。"每个人都从别人那里偷东西,别人又再从别人那里偷,依次下去,直到最后一个人去第一个窃贼家行窃。该国贸易也就不可避免地是买方和卖方的双向欺骗。政府是个向臣民行窃的犯罪机构，而臣民也仅对欺骗政府感兴趣。所以日子倒也平稳，没有富人和穷人。"但是后来出现了一个诚实的人，在该国寄居，他从来不去偷窃，每晚在家安静地看书。后来有人告诉他："你不去偷无所谓，但是你破坏了这个国家的传统，你不出去，就意味着有人无法偷窃，别人会挨饿的。"诚实的人没有办法，最后选择晚上出门，当然他没有偷窃，他只是在河边静静看着流动的河水。每次回家，都发现东西被偷了。但是，他依然没有从众，最后他饿死了。

这让我想起了苏格拉底在接受死刑判决前的自我辩解中说：我的朋友，如果你认为一个宝贵的生命应该花费时间掂量他的生死前景，你就搞错了。无论做什么，他仅有一事需考虑，即做的是对还是错，像个好人还是坏人。[1]

宋朝大儒朱熹也说："民无食必死，然死者人之所必不免。无信则虽生而无以自立，不若死之为安。"也许，这才是真正的祖宗教导，而一切的诡诈与欺骗才是真正的违背祖训。但问题是，我们有多少人会选择成为《黑羊》中那个孤独寄居者？

可以肯定的是，如果我们无法找到一个为之而死的信念，我们也不可能拥有一种信念为之而生。

作为一名老师，我想告诉我的学生：我们应当以何种信念作为我们人生以及学术的动力，这是每一个以学术为志业的人都应该认真思考的问题。

1　[古希腊]柏拉图：《苏格拉底的申辩》，商务印书馆，1998年，第53页。

"孝子"能否逾越法律？

你认为法律是以什么标准做出最终判断的？是冷冰冰的法律条文，还是网络舆论和道德谴责？其实都不是。

2018 年 2 月 15 日，陕西省汉中市新集镇的一个小山村发生了一起杀人案。当地村民 71 岁的王自新，及他的次子王校军和三子王正军被同村的张扣扣先后杀害，这起案件引起了社会极大关注，被称为"2·15"汉中新集杀人案。而这起惨案的起因是张扣扣曾亲眼看见自己的母亲被王家人用木棒打死。

曾在 1996 年的 8 月，张扣扣的母亲汪秀萍，在路过王家门前时，因过往与王家有矛盾，就起了争执，王自新的三子王正军闻讯赶到现场，和汪秀萍发生厮打。其间王正军捡起一根木棒朝汪秀萍头部猛击一棒，致汪秀萍倒地后于当晚 22 时许死亡。

庭审时，原告人张福如，也就是张扣扣的父亲，要求被告人王正军赔偿经济损失 24 万元人民币。但被告家庭经济困难，无力赔偿。最后，由于案发时王正军不满 18 周岁，法院判决被告人王正军犯故意伤害罪，判处有期徒刑七年，并一次性偿付张福如经济损失 9639.3 元人民币。而被告王正军在三年后提前出狱。

时隔近 22 年，汪秀萍的儿子张扣扣长大成人，2018 年 2 月 15 日，他发现王正军在家过年，便购买作案工具伺机报复。他易装尾随上山祭祖的王家人，在其返回途中，持单刃刀捅刺王正军，持刀追上并捅刺王校军，随后入王自新家院子捅刺王自新，将 3 人杀害。

张扣扣后来在采访时对记者说："我妈被打倒时，我跪在地上，把她抱在怀里，拼命地叫，她鼻子里、嘴里喷流出血来，妈妈流着泪，就断气了。"在张扣扣眼里，杀人就该偿命，但凶手却没得到他觉得应有的惩罚。后来，在张扣扣终审被判死刑的时候，舆论当中呈现出了大批同情甚至支持他的声音，认为他替母报仇，罪不至死。[1]

这个案件就特别典型，凸显出了法律判断与道德判断的冲突。从法律判断的角度来说张扣扣蓄意杀人，应该判处死刑；而民众的同情和"为母报仇天经地义"的呼声就是对张扣扣案的道德判断。

那么，问题来了，张扣扣为母报仇不该重判的呼声如此之高，是不是法律的判断有误呢？这涉及法律中一个重要原则，就是在定罪量刑中法律判断要优于道德判断。

为什么法律判断要优于道德判断呢？这背后的根本原因有两点：

第一，我们必须承认人们个体的认识能力是有限的，有许多隐秘的事情我们并不知晓，比如，一个年轻女孩未婚生子，每天抱着一个孩子去上班，同事都对她指指点点，但其实是这位女孩

---

1 刘建辉：《牵涉 22 年前的一起冲突 张扣扣杀人案细节现场还原》，央视网，2018-03-29。

被强暴后怀孕，觉得孩子是无辜的生命，所以决定生下来。如果你知道这个隐情，你还会指责她吗？

因此个人对于正义的理解一定是片面的。凭借个体对正义的有限理解去匡扶正义很有可能出现可怕的后果。

第二，复杂的社会并不是黑白分明，非此即彼的，有时善与善之间也会发生冲突。比如中国有一个千年难题：母亲和妻子两人同时掉下水，你该救谁？如果救母亲，妻子会溺水身亡；如果救妻子，母亲会溺水身亡。这就是典型的善与善的冲突。你能说救母亲或者救妻子就是不对的吗？当然不能。

有趣的是在刑法中还真的有关于这个话题的探讨，叫做"义务冲突"。义务冲突就是指：行为人同时负有几种义务而不能兼顾时，如果因为履行较高或同等义务，而被迫不履行其他义务的行为，违法性不成立。就好像，在救妈妈还是救妻子的问题上，两个义务都是法定义务，因此履行任何义务都不能说是错误的。

所以，社会上很多问题并不是黑白分明，我们不能一味地根据民众的道德判断来审视犯罪行为。而法律在面对这种冲突的时候，是以一个中立的裁判的身份，在对立观点中寻求一个平衡，并且以程序正义的方式，来维护社会秩序。这同时也是法律的一种重要的思维方式，通俗来讲就是：凡事要讲规则。

那么，为什么要讲规则呢？从社会的演变来看，只要有社会，就有规则，即便是动物社会，也同样有规则，比如蚂蚁、蜜蜂、黑猩猩。有了规则，人们的生活才会有秩序，社会关系才会达到平衡。那么，当有人破坏了规则，打破了社会的平衡，该由谁来制裁规则的破坏者呢？要通过中立的第三方来维护规则，制裁破坏者。如果通过私人的复仇来执行和伸张正义，不但起不到惩治的作用，反而会破坏秩序。

举个例子，一个村子里有个规矩：不能偷别人家的东西。结果，张三说自家的东西被李四给偷了，李四却不承认。于是两人就发生了争议，三天两头地吵架，甚至张三还集结自家的兄弟打上了门。因为没人调解，所以两家开始相互报复，变成世仇。最后整个村子都因为这两家的矛盾不得安宁。

村民后来实在受不了了，就找来村里德高望重的老人调解纠纷。为什么找他呢？因为他年纪大，经历得多，见过的纠纷和矛盾也多，还曾经成功调解过这样的事情，经验丰富。而且这位老人，相对公正，非常适合调解纠纷。

就这样，以后大家一有纠纷，就找老人调解，老人慢慢就获得了新角色，也就是一个中立的裁判。正是因为有了这位相对公正的裁判，村民才得以在平衡的关系中正常生活。现实生活中承担这个中立第三方角色的就是法律。[1]

回到张扣扣案中，一部分人认为，中国的传统思维很难真正接受法治的理念。"父母之仇，不共戴天"，而这种强调快意恩仇的观点，不断地对既定的法律规则提出挑战，让社会失去平衡。面对这种冲突时，法律就发挥了维护秩序的职能，并对规则的破坏者进行制裁。

所以，人类对正义的追求必须在规则之下，通过规则筛选出

1　这个案例来源于喜马拉雅公司张爽女士的分享，在此表示感谢。

人们可以接受的有限正义。无论是孩童的游戏，还是成人的体育比赛，人类都是在不断学习去确立规则，遵守规则。但是往往游戏会变成胡闹，比赛会成为殴斗，原因或者是规则本身不公平，或者是有人不愿意遵守规则。这就是程序正义，一定通过程序追求法律的正义。

也许你会问了，为什么要有一个中立的裁判来维护规则和秩序呢？难道民众没有规则意识，不能尊重规则吗？你想一想，如果你开车，是否会加塞插队？也许不会。但是如果你看到有人不断加塞，你会不会也想加塞？所以，要想培养民众的规则意识最重要的还是贯彻法治的精神。

当然，这里值得注意的是：法律判断优于道德判断，但这并不意味着在法律中没有道德判断，法律是对人最低的道德要求。

比如这样一起案件：一名老师带着自己孩子和他的学生一同出游，不幸的是，学生和孩子一起掉到河中。救助自己孩子是法律义务，因为法律规定了父母有救自己孩子的义务，而救助学生只是道德义务，因为法律没有规定老师一定要救学生。

如果这位老师救了学生，却造成自己孩子溺水而亡，这是否是犯罪呢？从表面上看，为了道德义务而放弃法律义务，似乎是犯罪了。但是这种行为却是伦理道德所认可的，因此也不能以犯罪论处。简单地说，虽然道德不能作为惩罚的积极根据，但是可以作为排除惩罚的消极理由。

某地有一个这样的判例，法官的判决令人尊重。张三给妻子过生日，晚上喝了很多酒。到了晚上11点，妻子突然口吐白沫，抽搐不已。张三立即打电话叫120，但急救车要一个多小时才到，打车也打不着，旁边的亲朋好友都不会开车。张三虽然喝酒了，但想着妻子有性命危险，所以没有多想，立即开车送妻子去医院。结果被抓，张三后来以危险驾驶罪被起诉。

张三的行为构成犯罪吗？相信民众心中一定是有一杆秤的。法院最后以紧急避险为由，认为张三不构成犯罪。张三的行为在道德上是值得鼓励的，不可能以犯罪论处。

但是如果把妻子替换为小三，醉驾送小三去医院，构成犯罪吗？或者不是小三，而是在马路上看到一个乞丐，奄奄一息，张三送乞丐去医院，这构成犯罪吗？当然不构成。无论是小三还是乞丐，都是一个活生生的生命，为了保全生命而危及公共安全，这在道德层面上是正当的，是值得鼓励的。法律是对人最低的道德要求，如果一种行为在道德生活被鼓励，那它不可能是犯罪。

所以，当一个人是否应该接受法律惩罚的时候，不能仅仅根据道德来定性，而要根据法律的规定来决定。但是，法律又不能与道德严重抵触。换言之，如果一种行为是道德上值得鼓励的，那么法律也要尊重民众的这种道德情感，在处罚时也要进行相应的恩免。

法律思维的一个重要思考方式，就是法律判断优于道德判断。这也提醒我们在工作生活中不要轻易对他人进行道德论断，因为有许多隐情是我们不知道的，道德判断更多的是一种自省，而非律他，不要严于律他，宽于律己。但是法律规则，则是我们都应该共同遵守的。

脑死亡、植物人与"死亡"

在所有的犯罪中，故意杀人最为严重，在任何文明社会，它都是刑法严厉打击的对象。汉高祖刘邦当年攻下咸阳时，约法三章，头条就是"杀人者死"。用最严厉的刑法来惩罚这种犯罪，本身也体现了对生命的尊重。因为，没有任何其他后果，能够挽回失去的生命。

而在现行刑法中对故意杀人罪的规定只有寥寥数语，"故意杀人的，处死刑、无期徒刑或者十年以上有期徒刑；情节较轻的，处三年以上十年以下有期徒刑"。在立法者看来，没有人不知道什么叫做故意杀人，没有必要多费笔墨对此加以描述。

然而，问题并不总是那么简单，首先，在法律上，如何定义人的"死亡"就非常值得研究。法律并非一个孤立的专业，有许多法律问题其实都取决于社会生活的常识以及其他学科的知识。

比如张三故意伤害李四，导致李四丧失部分脑功能，成为植物人，这算"死亡"吗？应当判张三故意杀人吗？这就涉及了法律中的"综合判定说"。

关于"死亡"，其实在法律中没有明确的定义，但在刑法理论中采取了医学上关于死亡的标准，也就是综合判定说，具体的解释是：以心跳停止、呼吸停止和瞳孔反射消失三个要素结合起来判定人是否死亡。之所以采用综合判定的标准，主要是这符合大多数人通常对于死亡的理解。

如果一个人心跳没了，但呼吸还有，很难让人相信他就真的离开人世了。而在医学上，心跳停止、呼吸停止和瞳孔反射消失三种要素其实也互相依存，只要一种机能不可逆转地停止，其他两种机能也会在几分钟内就停止。

有趣的是，目前在医学上，死亡并不是一个最终的结果，而是分为三档，第一档就是脑死亡，但脑死亡后还可能存在心跳。第二档是临床死亡，也就是生物体的心脏停止跳动，但这也不是彻底的死亡。第三档是生物学的死亡，心脏停搏 24 小时之后，他的细胞就全部死亡了。

从生物科学的角度讲，这三种死亡都是不可能逆转的。而随着器官移植技术的发展，医学界希望将脑死亡确定为死亡的标准。也就是，当生物体的脑干或脑干以上中枢神经系统永久性地丧失功能，就可以宣布他已经死亡。

这里需要说明的是，很多人认为脑死亡就是植物人，但其实脑死亡有区别于"植物人"。"植物人"脑干功能是正常的，昏迷只是由于大脑皮层受到严重损害或处于突然抑制状态，病人可以有自主呼吸、心跳和脑干反应，而脑死亡则无自主呼吸，是永久、不可逆性的。

因此，对于植物人通常不需要呼吸机的维持，家属可以把患者带回家自行照顾，但脑死亡患者必须靠呼吸机来维持"活着"的假象，所以，植物人有苏醒过来的可能，但脑死亡从死里复活的可能性很小。

即使在医学界已经开始制定了有关脑死亡的行业标准，当前全球范围内也已有80余个国家的医疗机构均承认了脑死亡标准，但在我国法律中依然没有以脑死亡为法律判断死亡的标准。

法律是为了解决社会问题的，因此它不仅仅是一个专业判断，还必须考虑到社会生活的常情常理。如果按照医疗机构的相关定义，患者脑死亡后，心脏等主要器官仍然在跳动，如果在法律上认为脑死亡为人的死亡，那么，医生就可以摘除脑死亡患者的心脏等主要器官，用于器官移植。

关于脑死亡的法律判法标准，英国是最早确定脑死亡法律效力的国家，有一个经典案例。1963年英国的Potter案就涉及了脑死亡法律效力问题。

当时Potter在一次斗殴中受到了剧烈的脑损伤，医院在进行人工呼吸并且征求了家属同意后，摘除了病人的一个肾。后来病人死亡，家属将医院告上了法庭，陪审团认为医院关闭呼吸机而致Potter死亡，宣布被告人杀人罪名成立。[1]

在心脏停止跳动之后，大部分器官就无法再用。所以，如果以脑死亡标准为死亡标准，将为器官移植赢得宝贵的时间和资源，这在器官资源非常匮乏的中国，显得更为迫切。

另外，这也可以降低患者的痛苦，让他们死得更有尊严。因

1　郭自力：《死亡标准的法律与伦理问题》，《政法论坛》2001年第3期。

为，当病人进入脑死亡之后，有很多医院进行的治疗，其实只具有安慰意义。总之，用脑死亡标准取代传统的死亡标准，具有一定的社会意义和医学价值。

当然关于脑死亡的这种说法也有很多反对的声音，比如有些人认为，脑死亡的概念建立在器官移植的基础上，有悖于人道主义原则；婴儿时是无意识的，宣布婴儿的死亡，是不是需要另立法规；等等。

尤其是中国人有很强的亲情伦理观念，脑死亡的家属很难接受，比如，在北大某女生自杀事件中，据说医生已经宣布女生陷入脑死亡，但是女生的家属会认为她死亡了吗？所以在讨论死亡这个问题的时候，一定要考虑普通民众的情感。脑死亡后，只要有体温、心脏仍在跳动、呼吸尚存，就很难让患者的家人相信他已经离开人世了。这也是确立脑死亡标准的最大障碍。

另外，各国脑死亡的标准也不太统一，我国还没有出台足够科学严谨的脑死亡标准，比如，福建省就发生过在宣布患者脑死亡 60 小时后，患者居然奇迹般存活的例子。[1]

所以在司法实践中，还是按照民众所理解的死亡标准来认定死亡，也就是刚才说的综合判定说，心跳停止、呼吸停止和瞳孔反射消失。这其实也是法律对社会生活情感的一种尊重。法律在本质上是为了解决社会问题，它绝不能高高在上，无视民众的道德情感。

虽然从功利的角度，采取脑死亡说可以缓解器官匮乏问题，

1　《脑死亡60小时后奇迹复活》，华商晨报，2003-11-08。

但是这种只注重功利，却忽视道义的立场，显然不太合理。而且，在当前医患关系紧张的背景下，也很难让患者家属接受，也许他们会起疑，会不会为了摘取器官而故意地宣布未死的患者进入了脑死亡状态呢？

日本等东亚国家为了协调社会矛盾与医学移植的需要，提出了心脏死亡和脑死亡并列的死亡标准。原则上还是以心脏死亡作为死亡标准，但是允许患者本人或者患者家属选择脑死亡标准，如果患者本人或者家属同意，医生就可以以脑死亡作为死亡标准。

作为患者，你会愿意同意脑死亡标准，并签署意见书同意捐献器官吗？

死刑应当被废除吗？

东野圭吾有一本书叫做《虚无的十字架》，讨论了死刑存废这个非常沉重的话题，男主人公道正与女主人公小夜子曾是夫妻。爱女多年前被劫匪入户杀害，劫匪曾因抢劫杀人被判无期徒刑入狱，假释不久又实施杀人恶行。

劫匪一审被判无期徒刑，后经男主与女主的不断努力，二审终于改判死刑。但是即使凶手伏法，女儿也无法复活，这种痛苦让两人最终分手。

某日，道正接到刑警致电，得知令人震惊的消息，小夜子被杀了。凶手虽然后来自首了，但道正却在小夜子的遗物中有所发现，她的死因似乎并不单纯。

原来小夜子后来成为一名专栏作家，致力于推动死刑工作，认为所有的杀人犯都必须接受死刑的处置。小夜子在访谈时发现了一个秘密，一位患者中学阶段和学长恋爱，初尝禁果，怀孕生子，两人非常害怕，在孩子出生之后就把孩子捂死，两人的恋情也戛然而止。

学长后来成为一名著名的儿科大夫，救人无数。他始终无法忘记自己年少时犯下的错误，用自己的一生来为之前的错误赎罪。但小夜子坚持认为，虽然时间已经过去数十年，但两人应该自首，接受法律的惩治。

在这部小说中，讨论的主题非常沉重：关于罪与罚，是让犯人听到自己的死刑宣判而感到解脱？还是让他重返自由社会用尽一生赎罪？如果犯人并未把死刑视为惩罚，至死仍未反省，死刑又有何作用？意大利法理学家贝卡利亚关于死刑有五个重要的观点，我想借此切入死刑的存废问题。

在人类历史上，很长一段时间，死刑是一个既定的事实，没有人质疑死刑的合理性。但是启蒙运动之后，死刑开始迎来了质疑。

1764年，时年26岁的贝卡利亚（Cesare Beccaria）出版了《论犯罪与刑罚》这本小书，在人类历史上第一次提出了废除死刑的主张，正是因为这本小书，拉开了废除死刑运动的序幕，这场运动至今仍在继续。

直到今天，主张废除死刑的人士所使用的论点依然没有超越贝卡利亚200多年前所提出的思想。

贝卡利亚在书中提出了五点废除死刑的理由。

第一，贝卡利亚认为国家没有权力适用死刑。这个观点其实是受到了当时盛行的社会契约理论的影响。按照社会契约理论，国家不是从天上掉下来的，它来源于民众所放弃的权利。

简单解释就是，因为单个人不安全，所以大家为了共同的生活放弃了一部分权利，形成了国家。但是人们所放弃的权利是有限的，不可能把处分自己生命的权利也交出去。

因为，生命是一种特殊的权利，甚至生命的拥有者都无权自我了断。那么国家就更不可能有这种剥夺生命的大权。所以死刑的存在是对社会契约的违反，是一种典型的滥用权力。

第二，贝卡利亚认为，死刑没有效果。按理来说，死刑是为了威吓民众，预防犯罪，杀一儆百。但是，死刑貌似起不了这种作用。贝卡利亚认为能够对人心产生作用的不是刑罚的强烈性，比如剥夺生命，而是刑罚的延续性，比如无期徒刑、终身监禁，因为最容易触动人感觉的不是强烈但暂时的运动，而是反复且长久的印象。死刑看起来很残酷，但执行时间很短，头一下被砍断，也就随之结束。死刑给人们留下的印象很快就被淡忘了，所以它的影响是暂时的。

如果真的要用死刑来显示法律的力量，那就得月月杀天天斩。这就陷入了悖论，本来死刑是为了预防犯罪，但现在为了保证死刑有足够的威慑力，还得确保经常有犯罪分子被斩。

所以，贝卡利亚认为，终身苦役的效果要比死刑好得多，终身苦役给老百姓提供一种长期现实的警戒作用，这种坏榜样的效果能管很久。对一个犯罪分子判处终身苦役能管好多年，但是每次用死刑来作为警戒都需要一次新的犯罪。

通俗来讲，终身苦役的警戒作用是可以重复利用的，但死刑则是一次性的。同时，终身苦役更令人望而生畏，能够更有效地预防犯罪，人们往往能够承受极端而短暂的痛苦，但却很难忍受长期持续的煎熬。

第三，贝卡利亚认为死刑不仅起不到积极作用，反而会产生反作用。因为死刑会引起人们对受刑人的怜悯，导致死刑的威吓作用大打折扣。

国家公开执行死刑，本来是想唤醒民众对法律的敬畏，预防犯罪。但人的天性同情弱者，刑场上国家与受刑人力量对比悬殊，国家非常强势，受刑人非常弱小。人们会产生一种愤愤不平的怜悯感，违背了国家适用死刑的初衷。

贝卡利亚说，在很多人看来，死刑就相当于一场表演，刑场与其说是为罪犯开设的，不如说是为观众开设的，如果观众心中的怜悯心超过了其他情感，那么这个表演就根本没有达到预期的效果。

我小时候也经常参加公审大会，20世纪80年代那个时候的死刑犯是要游街示众的。看着这些五花大绑、身上插着长牌子的人，有时我会觉得他们挺可怜。有些胆大的同学甚至还敢去围观枪决现场。这些同学回来的时候，往往绘声绘色地给我们讲述某些犯人的"英勇事迹"，比如打了好几枪才死，或者死前大叫一声，"老子十八年后还是一条好汉"。

这个时候，我们往往会忘记罪犯所犯下的罪行，反而会觉得这些人很"勇敢"，是条汉子，值得尊重。从这个角度而言，法律的尊严大打折扣。

第四，贝卡利亚认为死刑会让人们变得越来越残忍，甚至以暴易暴，最终导致暴行的恶性循环。

很多人认为，法律禁止谋杀，但自己却在公开地谋杀，它阻止公民去做杀人犯，却安排一个公共的杀人犯。死刑告诉人们，只要有正当理由，杀人就是被允许的。所以，贝卡利亚认为它会激发人性深处残暴的成分。

这就是为什么死刑越多的国家，犯罪反而越残暴。用法律来作为施加暴力的借口，法律公正性也就会彻底地丧失。当残暴的精神操纵了法律的时候，法律就会成为教唆人们实施更加残暴行为的最好教官。

值得注意的是，到了晚年，贝卡利亚才提出第五点废除死刑的理由，那就是死刑一旦误判，后果是无法挽回的，相信了解聂树斌案的朋友对这点不会陌生，毕竟人头不是韭菜，割了不能再长。

总之，这五点理由基本上构成了废除死刑最重要的五大缘由。[1]

不知你有没有注意到，贝卡利亚的所有论证都是从死刑的效果来加以论证的，因为死刑没有效果，所以不值得存在。

这就像东野圭吾《虚无的十字架》中为杀害女孩的劫匪进行辩护的律师告诉小夜子的那样，死刑其实是很无力的，尤其犯罪分子对死刑判决无所谓的时候。

这种效果论显然是功利主义思维模式。认为惩罚就是为了预防犯罪，起到震慑作用。

但其实，即使是功利主义也有人赞同死刑，毕竟死刑是否有效，这其实也是一个见仁见智的问题，有的研究认为废除死刑并未导致谋杀率上升，但也有相反的论据认为恢复死刑遏制了犯罪。

非常有趣的是，社会契约论的倡导者卢梭也赞同死刑，他说人们在订立社会契约时，为了不至于成为凶手的牺牲品，所以他们同意，假如自己做了凶手的话，自己也得死。

1　上述五点理由参见，[意]贝卡利亚：《论犯罪与刑罚》，黄风译，中国大百科全书出版社，1993年，第45—51、117页。

当然，死刑如果误判后果不堪设想，这其实是废除死刑论最重要的一个武器。但作为平凡的人类，我们制定的司法制度必然存在缺陷，最坏的制度是宁可错杀千人也不放过一人，但为了不枉杀一人，就放过千万个有罪之人，也不太合适。

因此必须寻求一个平衡点。换言之，如果死刑的误判率在合理的范围内，那么这种误判也是追求正义所可以接受的，毕竟人类社会的正义存在瑕疵不可避免。

因为世上有邪恶，所以法律必须通过惩罚来进行威慑，避免邪恶蔓延如洪水滔天。从这个意义上来讲，死刑具有合理性。杀人偿命欠债还钱，这种民意的情绪表达本身也有其内在的合理价值。

所以，法律一定是一种平衡的艺术，不管是杀人必死论还是死刑废止论都可能是处于两个逻辑的极端，而正确的观点可能在两者之间。

最后再来看一组数据，也许大家可以看出死刑这个问题的复杂性。时至今日，全球已经有超过2/3的国家在法律中或在事实上废除了死刑。但维持死刑的国家之人口却也近全世界人口的2/3。同时，全球有两个最重要的国家都保留着死刑，一是中国，二是美国。

多年以前，我也曾经主张死刑废止论，但是后来我放弃了这种观点。这种看似仁慈的人道主义刑罚观很容易因着抽象的博爱观，而放弃对具体之人的责任。对于那些亲人被杀的被害人，我们有什么权利要求他们宽恕犯罪人？对于那些被杀害的被害人，他们已经沉睡于地下，我们又有什么资格代替他们来宽恕犯罪人？

C.S. 路易斯提醒我们：刑罚的人道主义理论披着仁慈的外衣，

但却全然错误。它很容易蒙骗善良的人们。其错误开始于将仁慈与正义对立起来，看似高尚，事实却是高尚的错误。传统的观点认为，仁慈可以调和正义。仁慈的本质是宽恕，但宽恕的本质包括认罪和接受宽恕者本应受到惩罚。如果犯罪仅仅是需要治疗的疾病，那它是不需要宽恕的。对于一个患有龈脓肿和畸形足的人而言，怎么会需要宽恕呢？

仁慈只能在正义的基础上，离开了正义的仁慈就如顶着美丽绿植的食人草，它诱惑着善良的人们走向狂热的残忍。[1]

对于谋杀这些最恶劣的犯罪，只有剥夺生命才能体现对被害人生命的尊重。同时，也许只有死刑才能让犯罪人真正地认罪悔改。所谓不到黄河心不死，不见棺材不落泪。只有面临死刑的威胁，犯罪人才可能会生出真诚的悔改。从这个意义上讲，死刑恰恰是对犯罪人的尊重，因为只有当其认识到自己的罪错，并愿意献出生命来偿还罪债，他才重拾了作为人的尊严。

在我看来，死刑只能针对谋杀一类的重罪。尊重生命既要求保留死刑，又要求限制死刑。我国 1997 年刑法曾经规定了 68 个死刑罪名，2011 年的《刑法修正案（八）》取消了 13 个死刑罪名，2015 年《刑法修正案（九）》又取消了 9 个死刑罪名，当前刑法中还有 46 个死刑罪名，其中仍然有不少非谋杀类的罪名，限制死刑仍然任重道远。

1　[英]C.S.路易斯著、罗翔译：《论人道主义刑罚理论》，《暨南学报（哲学社会科学版）》2013年第7期。

二、法理的思辨

孩子起诉父母生下自己

黎巴嫩有一个非常著名的影片叫《何以为家》，讲的是一个12岁的小男孩赞恩的生活经历。在故事中，小男孩的父母在无力抚养孩子的情况下仍然不停地生育。正因如此，作为长子的赞恩，弱小的肩膀上承担起了生活的重担。

赞恩和弟弟妹妹们的感情非常好，所以，当他只有10岁的妹妹被强行卖给别人为妻子时，赞恩非常难过，但又无能为力，他离家出走了。后来赞恩向法院提出控告，理由是父母生下了他们，却没有能够好好地抚养他们。

你可能会说，《何以为家》只是电影，但其实在真实社会中，类似的案例比比皆是，1965年纽约就曾发生过一个类似的案件。有一个精神病人遭受护理人员强奸，结果生下一个女孩。这个女孩在成长过程中，遭受了很多白眼，生活非常艰辛，所以她长大后起诉医院。

她认为正是因为医院让她出生，她才拥有如此艰难的人生。

当然，法院最后没有支持女孩的诉讼请求。[1]

"出生"本身是不是一种伤害？这也是法律人会经常讨论的话题，我们可以从法律中的三个角度来进行考量。

第一个角度就是法律中对于偶然性和必然性的态度，现实生活中，不管是一个唐氏筛查没有通过，还是B超发现有缺陷的胎儿，都不意味着出生之后100%会残疾。即使再高精尖的医学，也并不保证100%的准确性，出生有缺陷是一种可能性，但是因此让胎儿没机会出生，就是一种必然性。在可能性和必然性之间权衡的时候，我们应该如何选择呢？

张三是一位坚强的母亲，当她怀孕五个月时，医生跟她说："抱歉，您的孩子可能患有唐氏综合征，建议您终止妊娠。"张三想了很久，最终还是决定把孩子生出来，因为她觉得孩子是一个生命。最后孩子出生了，非常幸运，孩子很健康。

这个故事的主人公是我的一位朋友，去年她的孩子考上了世界排名靠前的大学。你会发现，用有残障的可能性来剥夺生命的必然性，结论并非理所当然。

当然还有一种角度，从行为正义和结果正义来分析这个话题。行为正义关注的是行为本身是否正当，也就是说一个孩子本身应不应该来到这个世界；而结果正义关注的则是结果，也就是说先

1　[美]乔尔·范伯格：《刑法的道德界限》（第二卷），方泉译，商务印书馆，2014年，第109页。

天就有特殊状况出生的孩子，他不仅生活艰难，而且也是对社会资源的一种消耗，所以在结果上是否有必要来到这个世界，是值得考量的。

你觉得在这类案件中，是结果正义更合理，还是行为正义本身更合理呢？也许我们无法彻底地论证行为正义的合理性，但是我们至少会发现结果正义的论证是不稳定的，因为结果是否发生只是一种可能性，同时我们也很难预料先天有特殊状况的孩子出生后是否能够做出举世瞩目的成就。不要忘记，有许多残障人士都取得了科学、艺术等各行业的极大成就，甚至获得过诺贝尔奖。所以同样，我们不能因为一种可能性，就扼杀胎儿的生命，一边是可能性的健康权，一边是必然性的生命权，到底孰轻孰重呢？

最后我们再从功利的角度来看这个问题。首先，生命和出生后的生存状态到底哪个更重要，在权衡的过程中孰大孰小，似乎很难说清。法律不能根据事后的标准来决定事前的行为。也就是，我们不能以他出生之后，可能会遭受欺凌或者一事无成的标准，就剥夺了他的生命，这其实也是偶然性和必然性的关系。如果完全根据事后的标准来决定事前的行为，相当于开启了上帝视野，你怎么知道这个孩子出生就一定是先天愚型呢，或者你怎么知道先天愚型的孩子，就一定不能拥有幸福呢？其次，你觉得一个还没有出生的生命，跟一个在世上度过了一段年岁，经历了众多磨难，受过了众多白眼的生命，哪个利益更大呢？

所以，即便从功利主义的角度，新的生命和没有生命，两者孰轻孰重，这也是很难判断的。或者说这根本就超出了人的理性判断能力。这就是为什么该案的法官认为："不出世或无生命是否优于被苦难伴随的私生子的出生，我们无法做出选择。"[1]

从这些法律角度而言，我们依然不能认为出生是一种伤害。

当然，如果我们拥抱行为正义，那么这个问题的答案可能就比较直截了当。一个生命本身应不应该来到这个世界？按照行为本身的正义，他不关注将来的结果。他认为既然是一个生命，他本身就有权来到这个世界。亦如康德所说："我们之所以做道德的事情，不是因为幸福，而只是因为这本身就无愧于我们已经拥有的幸福。"作为生命，他本身就应该来到这个世界。

我们每一个生命，都会经历人生的酸甜苦辣。我们在某个特殊的时候都会去想，也许我当初没有来到这个世界会更好，在那些无限沮丧的时刻，甚至怀疑自己在人间的生命就是一场错误。

但是我们都应该思考，什么才是幸福？电影《无问西东》有一句台词："如果提前知道你将面对的人生，你是否还有勇气重来一遍？"我在很多地方引用过爱比克泰德的这句话，"我们登上并非我们所选择的舞台，演出并非我们所选择的剧本"，我们没有一个人是自愿来到这个世界的，也没有一个人的人生剧本是你所选定的，我们无法决定出生、身高、智商、父母、家庭条件、贵人相助，人生能够决定的其实很少，也许连 5% 都到不了。

很多人都会羡慕别人的剧本，但是没有必要去羡慕他人的剧

1　[美]乔尔·范伯格：《刑法的道德界限》(第一卷)，方泉译，商务印书馆，2013年，第110页。

本。我们最重要的是演好我们的剧本。艾森豪威尔的母亲从小就对他说：人生就像打牌，无论你抓到一副多么烂的牌，都要把它打好。也许起手烂牌也会有精彩的结局。

关于这个话题，还有一个典型的例子。有一个四肢残缺的人，叫尼克·胡哲（Nick Vujicic）。这个人从小就患有一种疾病，天生没有四肢，所以他曾经三次尝试自杀。当他到10岁那一年，他第一次意识到人要为自己的快乐负责。他成为澳洲第一批进入主流学校的残障儿童，也是高中第一位竞选学生会主席的残障者，并获得了压倒性的胜利。他也是第一位登上冲浪客杂志封面的菜鸟冲浪客。

后来，他设立了一个非营利组织，叫做"没有四肢的人生"（Life Without Limbs），在全世界超过25个国家举办了数千场演讲，鼓励了很多的人，也许他的人生可以让你更深刻地体会无法选择的"人生剧本"。

可怕的配阴婚民俗

在某些地方，配阴婚这种鄙陋可怕的风俗仍在蔓延。配阴婚也就是冥婚，意指如果去世的人生前没有配偶，死后就要为其找一具异性尸体合葬。

这种风俗早在周朝就有。《周礼》记载："禁迁葬者与嫁殇者。"东汉经学大师郑玄的注释是："迁葬，谓生时非夫妇，死既葬，迁之使相从也。殇，十九以下未嫁而死者。生不以礼相接，死而合之，是亦乱人伦者也。"可见冥婚的风俗早在西周时代就已产生了，但在当时又是被禁止的，因为它被看作是一种"乱人伦"的行为。但此风气始终没有杜绝。据说曹操最喜爱的儿子曹冲13岁就死了，当时司空椽邴原的女儿早亡，曹操便向邴原提出将两人合葬，邴原以"合葬非礼也"作为理由推辞了，曹操也就没有再勉强。曹操后来还是为曹冲聘娶了甄氏亡女与之合葬。[1]

在现代社会，本应被禁绝的陋习在有些地方又开始出现。

1　刘桂秋：《古代的"冥婚"陋俗》，《历史大观园》1987年第3期。

人民法院网登载了这样一个案例：尉某与曹某打工时认识，一日两人聊天时，尉说自己的妻兄刘某某去世多年，想请女儿骨（配阴婚），曹某便说自己的老家有一女性坟墓常年没有人管，可以请走。尉将此事跟刘某某家人说了以后，家人表示同意。后尉与曹二人商量好后找人将坟墓挖开盗走其尸骨，并于次日将该尸骨埋在刘某某坟墓里。[1]

被告人这种"配阴婚"的行为显然构成盗窃尸体罪。

关于这个罪名，有几个问题值得研究。

第一是犯罪对象的问题，如果盗挖的是尸骨或骨灰，这能解释为尸体吗？1997年《刑法》第三百零二条的规定是盗窃、侮辱尸体的，处三年以下有期徒刑、拘役或者管制。

罪刑法定原则禁止类推，但却允许扩张解释。将骨灰解释为尸体，显然超越了"尸体"这个词语的极限，所以最高人民检察院曾经发布过一个司法解释[2]，认为"骨灰"不属于《刑法》第三百零二条规定的"尸体"。对于盗窃骨灰的行为不能以《刑法》第三百零二条的规定追究刑事责任。但是，尸骨是否能够解释为尸体，则存在争议。

然而，无论是盗窃尸体、尸骨还是骨灰，其实性质上并无本质区别。为了平息争论，也满足司法实践的需要，2015年《刑法修正案（九）》对此罪进行了修改，将尸骨和骨灰都增加为本罪

1　杨洁：《盗窃女儿骨配阴婚 五男子破财十余万入狱受罚》，中国法院网，2015-06-03。

2　关于盗窃骨灰行为如何处理问题的答复，[2002]高检研发第14号。

的犯罪对象，也将故意毁坏增设为新的行为方式——"盗窃、侮辱、故意毁坏尸体、尸骨、骨灰的，处三年以下有期徒刑、拘役或者管制"。

第二是收购尸体的定性问题。如果买主只是单纯的购买尸体，并没有和盗窃尸体者存在事前的通谋——这其实属于盗窃尸体罪的事后帮助行为——由于尸体属于物，那么盗窃的尸体自然也是一种赃物，收购的行为就有可能构成掩饰、隐瞒犯罪所得罪。

新的司法解释对于掩饰、隐瞒犯罪所得罪也不再设定数额的要求，只要实施了掩饰、隐瞒犯罪所得及其产生的收益行为，妨害司法机关对上游犯罪进行追究的行为都可以构成犯罪。[1] 因此，收尸行为论以此罪并无法律障碍。

第三个问题比较诡异，家属出售亲人的尸体或者骨灰，这一般不构成盗窃尸体，但属于侮辱骨灰罪吗？

这就需要考虑盗窃、侮辱尸体、尸骨、骨灰罪所保护的法益，是社会利益还是个人利益呢？一个非常经典的案例是水葬母亲案。王某66岁的母亲猝死出租房，拮据不堪的他，无力负担至少千元的火化费，含泪将遗体装在麻袋里，沉尸"水葬"。王某后以涉嫌侮辱尸体罪被刑拘。[2]

我认为不构成侮辱尸体罪。一直以来，我认为这个罪所侵犯

1　见2021年4月7日最高人民法院《关于修改〈关于审理掩饰、隐瞒犯罪所得、犯罪所得收益刑事案件适用法律若干问题的解释〉的决定》。

2　盛翔：《水葬母亲令人心酸，怎能让贫穷成为一种罪？》，《新京报》2008-11-30。

的法益是遗属的尊严，因此王某不构成犯罪。但是，后来有学生问了我一个案件，让我发现自己之前的看法有问题。

张三出生时母亲就去世了，世上唯一的亲人是父亲，但父亲不是一个好父亲，经常殴打他，每次喝醉就打他。后来父亲在冬夜醉死在家门口——喝醉了，冻死在外。

张三后被孤儿院收养，备受欺侮。长大后也生活不顺。张三越想越生气，觉得一切都是他父亲所致。在一个夜晚，张三喝了点酒，把父亲的墓地掘开，对父亲进行鞭尸。

这个耸人听闻的案件当然是虚构的，但是当我听到这个案件，直觉告诉我，这肯定是构成犯罪的啊。但是这侵犯了遗属的尊严吗？没有。张三是唯一的遗属，他的尊严并没有受到侵犯。

看来这个罪所侵犯的法益不是个人利益，而是社会利益，或者主要侵犯的是社会利益。

经过仔细思考，我觉得盗窃、侮辱、故意毁坏尸体、尸骨、骨灰罪所保护的利益应该是人的象征物的尊严。

我们看到小猫小狗的尸体和人的尸体，感觉肯定是不一样的。尸体是人的象征，侮辱尸体，其实代表着对这个尸体所象征的人的侮辱，会极大地冒犯社会一般人的情感，所以应该惩罚。

在水葬母亲案中，并没有侵犯人之象征物的尊严，水葬母亲恰恰是对母亲的尊重。不同的地方有不同的丧葬风俗，无论是天葬、树葬、水葬、火葬，这些风俗都是对逝者的尊重。但是，张三鞭尸案，就明显是对逝者的亵渎，自然是应该以犯罪论处的。

这就是为什么我国刑法盗窃、侮辱尸体、尸骨、骨灰罪放在《刑法》分则第六章"妨害社会管理秩序罪"，是作为一种侵犯社会利益的犯罪，而非纯粹个人利益的犯罪。

一个非常值得研究的问题：近亲属能否自由地出售尸体？如果死者生前没有意愿表示近亲属可以捐赠死者的器官，那么近亲属可以售卖其器官或尸体吗？能否把尸体看作遗产，由遗属自由处置呢？

《民法典》第一千零六条规定："完全民事行为能力人有权依法自主决定无偿捐献其人体细胞、人体组织、人体器官、遗体。任何组织或者个人不得强迫、欺骗、利诱其捐献。完全民事行为能力人依据前款规定同意捐献的，应当采用书面形式，也可以订立遗嘱。自然人生前未表示不同意捐献的，该自然人死亡后，其配偶、成年子女、父母可以共同决定捐献，决定捐献应当采用书面形式。"

法律说的是近亲属可以捐赠，但并没有允许出售。如果尸体可以任意由近亲属出售，那么人的象征物的尊严必然被亵渎，同时也会使得病人恐惧不安，生怕家属为了出售尸体而不尽力挽救他的生命。[1]

但是，这种行为是否构成犯罪呢？我把这个问题留给大家思考。

可以肯定的是，法律解决不了所有的问题，法律只是解决社会矛盾的最后手段。

---

1 [美]乔尔·范伯格：《刑法的道德界限》（第四卷），方泉译，商务印书馆，2014年，第242页。

精神病人的刑事责任

据报道，有一种非常奇怪的精神疾病，叫做睡眠性交症，又称作睡眠相关的性行为，指的是患者在非快速动眼睡眠（NREM）时进行了与性有关的行为，包括但不限于性交、自慰、性行为相关的抚摸行为等等。由于这一切发生在 NREM 阶段，患者醒后对这些事完全没有印象。据报道，在近年的性侵案件里，"睡眠性交症"正在成为嫌疑人为自己辩护越来越高发的一个词语。

2018 年的一天清晨，一场持续一整夜的派对过后，一名女生发现自己被一名仅有一面之缘的男子莱恩侵犯了。莱恩的医生出庭，极力证明莱恩是一名睡眠性交症患者，并且当庭提供详尽的病历资料。[1]

莱恩的行为应当如何处理，这就涉及精神病人的刑事责任问题。很多人都认为精神病人不负刑事责任，这是对法律的一种误解。

1　Conor Gallagher, *Use of "sexsomnia" defence is expected to increase in Ireland*, The Irish Times, 2018-01-13.

精神病人可以分为三类：第一类是完全无刑事责任能力的，只有当某种精神病导致行为人完全丧失辨认能力或控制能力时，才不负刑事责任；第二类是间歇性精神病人，在精神正常的时候犯罪，应当负刑事责任，而且从法律规定看，属于完全刑事责任能力人；第三类是限制刑事责任能力人，如果在行为时尚未完全丧失辨认或控制能力的精神病人犯罪的，属于限制刑事责任能力人，应当负刑事责任，但是可以从轻或者减轻处罚。

2017 年，武汉曾经发生了一起面馆割头案。一个姓胡的小伙子在面馆吃面，和老板发生争执，最后这个小伙子一不做二不休，直接把面馆老板的头给割了下来，扔在泔水桶里。在庭审过程中，鉴定机构为胡某出具了鉴定意见，胡某韦氏成人智能测试 IQ 为69（轻度智能低下），精神病人刑事责任能力量表评分为 25（部分责任能力），精神病人辨认能力及控制能力量表评定为 38 分（部分丧失）。被鉴定人属于"轻度精神发育迟滞"标准，伴有精神病性症状。根据精神障碍者刑事责任能力评定指南，胡某就被鉴定为限制刑事责任能力。后来被判处死刑缓期执行，但限制减刑。[1]

那么，莱恩属于哪一类呢？莱恩认为自己罹患睡眠性交症，已经完全丧失了辨认能力或控制能力，因此不负刑事责任。

莱恩这么做其实属于"借刀杀人"，只不过借的是自己这把刀。

这就是刑法理论中的原因自由行为，在实施犯罪的时候不自由，缺乏辨认能力或控制能力，但是导致不自由的原因是自由的，

1　熊浩然：《武汉面馆砍头案一审宣判 杀人者获刑死缓》，封面新闻，2018-06-27。

利用精神疾病去犯罪，自由地利用自己的不自由。这自然要承担刑事责任，所以上述三类，他哪类都靠不上。

法院最后就认为莱恩有罪，理由是即使莱恩能够确诊睡眠性交症，但是头一天晚上他喝了不少酒，他喝酒是自愿的，酒精可以成为睡眠性交症发作的一个诱因。莱恩故意让自己陷入无能力状态实施了犯罪，自然要承担刑事责任。

不过有人从逻辑上反对原因自由行为这种理论。一个人故意让自己陷入无能力状态，在无能力状态的时候，居然又按照之前的预设去实施了犯罪，在逻辑上是不成立的。如果他会按照之前的预设来实施犯罪，就证明他没有疯。但是法律的生命是经验而不是逻辑，很多时候过分的逻辑推演会把我们逼向怪圈。因为人类的逻辑推演，往往前提并不稳定。就像搭积木一样，你感觉你搭得很好，但是搭得越高，倒掉的可能性就越大。

一个人在正常状态下，利用自己的精神病去犯罪，那么当他陷入精神病状态的时候，从逻辑上说，他就不可能按照之前的预想再继续实施犯罪。这个推论并不一定符合科学，这个逻辑前提本身就不稳定。

大家最熟悉的一种逻辑推理是大前提、小前提、结论这种三段论推理。

大前提：所有人都会死

小前提：苏格拉底是人

结论：苏格拉底会死

乍看来，好像没有问题，结论无懈可击。

但是，仔细琢磨琢磨，你会发现好像有些问题。

大前提，所有人都会死。这个前提一定成立吗？

你见到过所有的人吗？至少你没有见过你出生之前就不在的人，也没有见过你死亡之后出生的人，你也不可能见过你在世期间生活在世界上的所有人。那你凭什么得出所有的人都会死这个前提呢？

我们必须承认，人类的理性是有限的，我们无法推导出百分之百绝对合理的结论，很多事后法律的推理只是一种经验上的相对合理。

还有一个值得讨论的问题是，犯罪之后得了精神病，还要负刑事责任吗？

《水浒传》中的宋江题写反诗之后，为了保命，戴宗建议宋江装疯。"只见宋江披散头发，倒在尿屎坑里滚，见了戴宗和做公的人来，便说道：'你们是甚么鸟人？'……'我是玉皇大帝的女婿。丈人教我领十万天兵来杀你江州人，阎罗大王做先锋，五道将军做合后。与我一颗金印，重八百余斤……'"

按照现行刑法，精神病人在不能辨认或者不能控制自己行为的时候造成危害结果，经法定程序鉴定确认的，不负刑事责任。可见，只有在行为时没有辨认或者控制能力时才不负刑事责任。如果实施犯罪时精神正常，犯罪结束后罹患精神疾病，这自然还是要承担刑事责任的。

张三在杀人的时候是清醒的，但是最后被抓的时候疯掉了。在这种情况下，当然要负刑事责任，但是能否对其判处死刑立即执行呢？

刑法惩罚的一个重要原则，就是一个人在自由意志的前提下选择了进行犯罪，在道义上就要对他施加惩罚。这也是为什么对于一名精神病人，如果他完全丧失辨认能力或控制能力，在这种情况下他没有选择能力，对他施加惩罚就是不人道的。

因此，从人道主义考虑，实施犯罪时精神正常，犯罪结束后罹患精神疾病，虽然要承担刑事责任，但要先治病才能执行刑罚。因为惩罚一个人必须让他认识到自己的错误。如果一个人已经进入无法知道对错的程度，惩罚他，就是把他物化了，他就成了纯粹的工具人。但人是目的，不是纯粹的手段。在这种情况下对其判处死刑就没有了意义。

刑罚的适用混合了许多原则，其中一条是报应主义，也就是我们说的以血还血、以牙还牙，越是严重的犯罪越要施加严重的惩罚。另外一个更为重要的功能就在于威慑一般人以及遏制犯罪人本人的再犯罪能力。惩罚一个人依然是要把他当作人来进行惩罚，也就是在他了解他行为的意义的情况下，再进行惩罚，让他幡然悔悟，意识到他所犯下的罪行是错误的。

从这个意义上来说，死刑在某种意义上也是尊重犯罪人作为一个理性人的存在。不到黄河心不死，不见棺材不落泪。只有当人真正面临死刑的威胁，他才可能真正意识到自己以前犯下的罪行是多么严重，才会幡然悔悟。犯罪人把他人杀了，把他人当成了工具，自然要接受惩罚。但如果国家惩罚犯罪人也仅仅只是把他当成威吓他人的工具，那么也就陷入了犯罪人自己的逻辑。在这种情况下，对其判处死刑其实也无法起到遏制犯罪人本人的再犯的作用。

因此，先治病，再接受惩罚，甚至先治病，病好后再执行死刑，这不是矫情，不是伪善，不是浪费，而是体现刑法对人的尊重。

人肉搜索的罪与罚

"人肉搜索第一案"是 2008 年的姜岩案。女白领姜岩自杀之前，在网络上写下了自己的"死亡博客"，记录了她两个月的心路历程，将丈夫王某与案外女性东某的合影照片贴在博客中，认为二人有不正当两性关系，自己婚姻很失败。

之后王某受到众人的口诛笔伐，网友运用"人肉搜索"将王某及其家人的个人信息全部披露。王某不断收到恐吓邮件，被网民"通缉"、"追杀"、围攻、谩骂、威胁，很多网友将此事闹到王某的单位，王某因此遭到辞退。王某父母的住宅被人多次骚扰，激动的网友甚至找到了王某父母的家，在其门口用油漆写下了"逼死贤妻"等字样。此案堪称催生出"反网络暴力"的中国第一案。

北京市朝阳区人民法院判决，两家网站侵犯了王某的名誉权和隐私权。法院针对此案暴露出的网络监管问题，向工业和信息化部发出司法建议。这个案件让人们思考道德批判与隐私保护的限度界定问题。[1]

这里的焦点问题其实就是隐私权和知情权、表达自由的冲突。

人的本性总是希望更多地知道他人的信息，但是不希望自己的信息过多地泄露。我们喜欢窥探他人，但是不愿自己被窥探，这是人性。

这个世界很多时候是善与善的对决，所以法律永远是一种平衡的艺术。

如果隐私权只关乎私人问题的时候，此时隐私权可能就高于知情权。但如果隐私权关乎社会公共利益，比如特殊犯罪人的信息能否公布，此时可能知情权就高于隐私权。

值得思考的问题是：在道德上可耻的人有没有名誉权、隐私权和信息安全？

这显然是一个需要进行利益平衡的问题。

小偷可以游街示众吗？婚外出轨，可以在当事人身上挂一个"奸夫淫妇"的牌子，对其任意侮辱吗？或者写上"感谢某某女士为我丈夫提供免费的生理服务"？再如卖淫嫖娼，可以脸部给个特写，公然示众吗？

《宪法》第三十八条规定："中华人民共和国公民的人格尊严不受侵犯。禁止用任何方法对公民进行侮辱、诽谤和诬告陷害。"

即便是罪犯，也有人格尊严，也不能随意进行侮辱、诽谤。为什么现在不再对犯罪分子游街示众？一个重要的原因就是"犯

1　　高志海：《二中院开庭审理"人肉搜索第一案"上诉案》，北京法院网，2009-07-14。

人"也有他的人格尊严。

所以司法文件规定："严禁将死刑罪犯游街示众。对其他已决犯、未决犯和其他违法人员也一律不准游街示众或变相游街示众。"[1]

联合国《囚犯待遇最低限度标准规则》也规定：无论对于已决犯还是未决犯，在被送入或者移出羁押场所时，应尽量避免公众耳目，使他们不受任何形式的侮辱、好奇的注视或宣传。

人的认识能力是有限的，如果没有正当的程序，我们也不能随意给人贴上好坏的标签。这就是为什么刑事诉讼法有无罪推定原则，任何人未经人民法院依法审判，都应该被视为无罪的人。

人肉搜索在某种意义上就是一种变相的游街示众。被搜索者在道德上是否有错，在愤怒的情绪之下，我们有时很容易只看见自己希望看见的事情，而对反对意见充耳不闻，视而不见。

蔡某经营了一家服装店。一天她发现自己店里的衣服少了一件，查看监控视频发现好像是一个身穿花衣服的女人偷了自己的衣服。气愤之下蔡某截取了监控视频的画面并配上了"穿花衣服的是小偷"的说明文字，上传到了自己的微博，请求网友"人肉搜索"偷衣服的小偷。两天之后，被害人徐某不堪受辱跳水自杀。法院最后就认为蔡某上传视频截图人肉搜索，导致被害人徐某不堪受辱自杀，情节严重，构成了侮辱罪。[2]

在这种背景下，2009年《刑法》率先规定了"出售、非法提

1　1992年11月14日《最高人民法院、最高人民检察院、公安部关于依法文明管理看守所在押人犯的通知》。

2　《刑事审判参考》[第1046号]蔡晓青侮辱案。

供公民个人信息罪"，2015年《刑法修正案（九）》又将其修改为"侵犯公民个人信息罪"，本罪从特殊主体调整为一般主体，任何人都可以构成。行为方式包括窃取、出售、提供和其他方法，而且最高刑也提高到七年。

可见，提供个人信息也构成犯罪。司法解释特别规定：向特定人提供公民个人信息，以及通过信息网络或者其他途径发布公民个人信息的，应当认定为《刑法》第二百五十三条之一规定的"提供公民个人信息"。一对一地提供个人信息都可能构成犯罪，更不必说向网络上众多网友提供个人信息的"人肉搜索"了，这是刑法中的"举轻以明重"原则。

总之，所有的正义都应该按照正当程序去追求，否则人们追求正义的初心，很有可能结出非正义恶果。

三、正义的实现

"世纪审判" 辛普森案

在法律中我们经常谈论的正义有两种，一种是实体正义，一种是程序正义。实体正义就如同一个完美的圆圈，让人无法企及，而程序正义就像通过仪器所画出的圆，必定是一个有缺陷的正义。正是因为人类不可能寻找出完美的实体正义，所以，在法律中，程序正义要高于实体正义。

这就好比，当你在一个非常安静的房间躺卧，不打开任何设备你能听到歌声吗？你会回答说不能。但你周围是否有歌声呢？其实是有的。只不过因为人类的耳朵所能听到声波的频率范围有限，如果不通过特殊的设备，你是听不到的，但我们没有听到并不代表它不存在，我们必须承认人是有限的。

人类是有限的，所以人类所追逐的正义一定也是有限的。我们只能接受一个有缺陷的程序正义。当然我们要在程序正义和实体正义中寻找一种平衡，或者说我们是通过程序正义来追求实体正义。因为只有合理的程序规则，才能让我们心甘情愿地去接受一个并不完美的实体正义。如果人们无视程序规则去追求所谓的正义，那最后的结果可能会适得其反。这就是为什么美国最高法院的大法官道格拉斯（Douglas）曾经说过："正是这种程序决定了法治和随心所欲或反复无常的人治之间的大部分差异。只有严格地、坚定地遵守严格的法律程序，才能实现法律面前人人平等。"[1]

同样，无论多么严谨的司法制度一定是有限的，法律正义也一定是有缺陷的，那么面对法律制度的种种不确定性，法律是靠什么来让人们接受判决，从而受到约束的呢？

有一个非常经典的案件，就是被称为"世纪审判"的辛普森杀妻案（People v. Simpson）。

1994年6月12日深夜，在美国洛杉矶发生了一桩血案，一男一女被杀，女的是辛普森的前妻妮可，男的是餐馆服务生高曼。鉴定结论显示死亡时间为晚上10点到10点15分之间。

辛普森不愿透露他当天晚上10点到11点的行踪，加上他之前有对妮可家暴的记录，同时辛普森手上有伤口，警察便将辛普森认定为唯一的嫌犯。

凶杀现场也发现了辛普森的血迹，两只带有被害人血迹的手套，在辛普森的车上也发现了辛普森和被害人的血迹。

但是案件也有许多重要的疑点：比如警察携带辛普森的血样在凶杀案现场停留了3小时，所以辩方认为很有可能现场的血迹

---

[1] 任东来等：《美国宪政历程：影响美国的25个司法大案》，中国法制出版社，2004年，第427页。

是警察造假。[1]

同时，最重要的物证之一血手套也被质疑。辩方的律师让辛普森当着亿万观众在陪审团面前戴一下血手套，结果戴不上去。[2]

这里就涉及程序正义的一个重要特点，就是防止国家权力滥用，比如在法律的证据规则中，一个非常重要的规则就是非法证据排除。也就是控方提出的证据，如果是采取非法手段获得的，那就应当被排除，这也是程序正义为了限制强大的国家权力，避免其滥用。

在辛普森案中，法官就表示，警方在没有搜查许可证的情况下，由福尔曼独自一人在辛普森住宅中搜查，并发现了血手套。同时，当警察抽取辛普森的血液进行化验的时候，警察拿着血液样品没有立即化验，而是携带血样回到了凶案现场，并停留了3小时。不能排除有警察栽赃的嫌疑。所以，法官认为证据的收集方式存在问题，应当予以排除。这也是程序正义为了避免国家权力被滥用，任意侵犯公民的自由。

压垮公诉方的最后一根稻草是记载福尔曼警官的一盘录音带。因为辛普森案中所有重要的证据都是这名警官发现的，但这位警官曾有过种族歧视的言论。[3]

这就涉及程序正义中另一个重要组成，那就是一个中立的裁判者，也就是在双方的对立关系中，需要引入一个中立的第三方，

1　李昌钰等：《美国世纪大审判》，广西师范大学出版社，2007年，第33页。
2　同上书，第41页。
3　同上书，第44页。

确保看得见的正义。

就比如辛普森案，除了陪审团，因为被告是黑人，法院担心种族歧视的问题，还专门派了一个日本裔的法官来主持。所以，在程序正义中，不管流程怎么简化，都不能抽掉中立的裁判这一环。

这里值得指出的是，在刑法中，"疑罪从无"是一个基本的刑事程序规则，也就是如果检方不能得到超出合理怀疑的证明，那就要做出无罪的判决。面对强大的执法机关，被告辛普森明显处于弱势的一方。所以，有疑问时要做有利于被告的推定，其实就是法律的天平朝着作为弱势群体的这一方进行适当的倾斜。因此，基于疑罪从无的原则，法院最终裁决辛普森无罪。

关于辛普森案，虽然有83%的美国人认为辛普森在此案的指控中其实是有罪的，但90%以上的人认为法院的判决是公正的。程序正义的意义也就在于追求一个多数人可以认可的判决结果。

辛普森案这个非常经典的案例告诉我们，我们不能按照自以为是的方式来寻找正义，只有通过程序性的规则，人类才可以接受一个有缺陷的正义。如果我们为了追求完美的实体正义，而无视程序规则，也许在某个个案中会实现正义，但却打开了潘多拉的魔盒，使得每一个无辜公民都有可能成为刑罚惩罚的对象。

这就是为什么法律中一定要禁止刑讯逼供，许多人认为：禁止刑讯逼供的理由是因为它会导致冤假错案，在司法实践中，有相当一部分刑讯逼供不会导致冤假错案，反而会使得案件得以高效及时地推进。这种刑讯逼供要禁止吗？当然要禁止。不是因为它可能会导致冤假错案，而是因为它在程序上不正义。

马丁·路德·金说：手段代表着正在形成中的正义和正在实现中的理想，人无法通过不正义的手段去实现正义的目标，因为手段是种子，而目的是树。刑讯逼供无疑就是有毒的种子，从那里长不出正义的大树。理论界普遍认为，对付刑讯逼供最有效的武器就是非法证据排除规则。

非常有意思的是，在辛普森案中，辛普森虽然在刑事案件中胜诉被无罪释放，但在刑事审判结束4个月后，两位死者的家人以非正常死亡为由起诉辛普森，要求民事赔偿。在这场民事案件中，陪审团认定，辛普森对两位死者的死亡负有民事责任，辛普森需要赔偿受害者家庭3350万美元。

法律分为公法与私法。民法属于私法，它调整的是平等主体的关系，因此在民事诉讼中的证据规则是优势证据标准，换言之，只要原告可以提出优势证据证明辛普森实施了伤害行为，就可以胜诉。用数学公式来说，你如果提出了51%对你有利的证据，这个就叫优势证据，你就可以胜诉。

刑法是公法，它调整的是国家和被告人之间的关系，面对强大的国家机器，被告人几乎没有还手之力，因此对国家权力要加以严格的限制，避免权力的滥用。刑事诉讼中只要被告提出了不构成犯罪的合理怀疑，"皮球"就踢到了代表国家的检察机关，它必须得到超出合理怀疑的证明去反驳被告的主张，如果达不到这种标准，就要做出对被告人有利的推定。

很多人都有重实体正义、轻程序正义的偏见，这种观念是需要改变的，尤其很多执法人员往往自诩为正义的化身，很多时候会忽略规则的限制。但是大家知道魔鬼隐藏在每个人内心深处，凡动刀者必死于刀下。只有当人生反转，正义的代言人成为阶下囚的时候，人们才能体会到对权力的限制和程序的正义有多么重要。

辛普森的故事并没有结束，2007 年 9 月，辛普森和一群朋友持枪闯入拉斯维加斯的一所赌场酒店，抢劫两名商人，最终被判处三十三年有期徒刑。

有人说，这是多行不义必自毙。无论如何，我们必须承认法律是有缺陷的，人的认识能力是有限的。我们只能通过既定的程序去追求有限的正义，离开程序，依靠狂热和激情所追求的正义也许是一种更大的不正义。

二十六年了，正义的惩罚还会降临吗？

1993 年 10 月 24 日，村里的两名男童——6 岁的张某荣和 4 岁的张某伟——失踪了。次日上午，警方在村子附近的水库里发现两名男童的尸体。

警方在现场发现一个麻袋和同村村民张玉环穿过的工作服，又因张玉环左右手各有一道伤痕，怀疑是男童遇害时挣扎留下的，遂将其锁定为犯罪嫌疑人。审讯期间，张玉环共做出六份笔录，其中有两份有罪供述，但在供述中杀人地点、作案工具及杀人动机均有变化。但最终，两份口供成为警方主要证据，认定张玉环犯下故意杀人罪。

1995 年 1 月，张玉环被南昌市中级人民法院以故意杀人罪一审判处死刑，缓期两年执行。同年 3 月，江西省高院以"事实不清，证据不足"为由撤销了一审判决，裁定南昌中院重审此案。2001 年，南昌市中院对张玉环案做出终审判决，维持了"判处死刑，缓期两年执行，剥夺政治权利终身"的判决。

张玉环在服刑期间一直申诉，主张自己的两份有罪供述都是在警方刑讯逼供下做出的，在申诉状中详述了刑讯逼供的经过。每周他都给相关申诉单位写一封信，寄出的上诉信，累计至少有千余封。

2020 年 8 月 4 日，江西省高院再审后认定被告人犯故意杀人罪的事实不清、证据不足，按照疑罪从无的原则，不能认定其有罪。

至此，张玉环失去自由 9778 天，超 26 年，成为迄今为止被羁押时间最久的申冤者。[1]

张玉环出狱回家，前妻宋小女带着儿子前来相聚，话未出口，竟因悲欣交集晕倒在地。她知道自己与张玉环今生注定无缘了，短暂的相聚后她还得离开，而"他人出来了，却还是一无所有"。

她说张玉环欠她一个拥抱，"这个抱我想了好多好多年。从他走，我总想抱，到看守所里去看他也没有抱，那次打电话也没有抱。我非要他抱着我转"。

看过这段视频的人，很难不为之动容落泪。而所有的眼泪都源自 26 年前那桩冤案。张玉环接受采访时说，自己曾受到六天六夜的刑讯逼供，甚至被放狼狗撕咬，他希望追究相关人员的责任。

问题是，26 年过去了，即便当时刑讯逼供的事实成立，这种犯罪还会被追究吗？根据以往的司法实践，答案恐怕是"不会"。在一些类似案件中，即便认定刑讯逼供的存在，司法机关都会因为刑讯逼供已过追诉时效而不再追诉。

---

1 张胜坡：《被羁押9778天后，张玉环无罪释放》，《新京报》（时事版），2020-08-04。

但是，这种做法并不合理。

《刑法》第二百四十七条所规定的刑讯逼供罪，基本刑是三年以下有期徒刑或者拘役。如果出现致人伤残、死亡的特殊情况，则转化为故意伤害罪、故意杀人罪从重处罚。因此，如果没有转化犯的特殊情况，刑讯逼供追诉时效是五年。

但是，《刑法》第八十八条第二款又规定了一种追诉时效延长的制度：被害人在追诉期限内提出控告，人民法院、人民检察院、公安机关应当立案而不予立案的，不受追诉期限的限制。

这个规定的立法初衷就是为了解决老百姓告状难的问题。在当年修订刑法的时候，民众告状无门的现象非常突出，各级司法机关经常互相推诿踢皮球，以致过了追诉时效。因此，刑法规定当民众向司法机关提出控告，司法机关应当立案而不立案的，追诉时效就可以无限期地延长下去。

也就是说，如果被告或者辩护律师在追诉期限内曾向司法机关提出被告有被刑讯逼供的线索，司法机关就不能置之不理。如果司法机关应当立案而没有立案，那么对相关人员的刑讯逼供行为就不再受追诉时效的限制。

有人也许会问，追诉时效延长的规定是 1997 年《刑法》的规定，对于 1997 年《刑法》生效前的行为是否也可以适用呢？对此问题，确实有一定争议。

1997 年《刑法》出台后，最高人民法院《关于适用刑法时间效力规定若干问题的解释》曾规定，追诉时效延长的规定对之前的行为没有溯及力。[1]

但是，2014年全国人大法工委做出的《对刑事追诉期限制度有关规定如何理解适用的答复意见》却认为：对1997年前发生的行为，被害人及其家属在1997年后刑法规定的时效内提出控告，应当适用刑法第八十八条第二款的规定，不受追诉期限的限制。

表面上看，一个是从旧原则，一个是从新原则。这应该如何取舍呢？

追诉时效主要是一种程序性规则，程序性规则一般都应该采取从新原则。比如，2015年《刑法修正案（九）》考虑到在网络诽谤或侮辱中，被害人很难收集相关证据，所以规定通过信息网络实施侮辱、诽谤行为，被害人向人民法院告诉，但提供证据确有困难的，人民法院可以要求公安机关提供协助。

这种对亲告罪条款的修改增加了对被告人告诉风险，对被告人不利，但是《最高人民法院关于〈中华人民共和国刑法修正案（九）〉时间效力问题的解释》却认为这个修改可以溯及既往。类似的规定还有对虐待罪亲告条款的修改，也对被告人不利，但司法解释同样认为可以溯及既往。

同时，从罪刑法定的精神出发，追诉时效延长的规定也应该

1　该解释规定：对于行为人1997年9月30日以前实施的犯罪行为，在人民检察院、公安机关、国家安全机关立案侦查或者在人民法院受理案件以后，行为人逃避侦查或者审判，超过追诉期限或者被害人在追诉期限内提出控告，人民法院、人民检察院、公安机关应当立案而不予立案，超过追诉期限的，是否追究行为人的刑事责任，适用修订前的刑法第七十七条的规定。

采取从新原则。罪刑法定的精神在于限制权力，为保障处于弱势地位的普通公民的基本权利，有必要对公权力加以适当的限制。但凡践踏公民基本权利的行为，即使在发生时是"不违反实然的国家法律"，也应当受到制裁和惩罚，这可以看成是从旧兼从轻原则的一个例外。追诉时效延长的规定旨在防止公权力踢皮球，本身是对权力的一种约束，允许这个条款溯及既往，与罪刑法定的精神相一致。

事实上，当前的司法机关在从旧原则和从新原则之间采取的是一种折中式的变通。2019 年 6 月 4 日最高人民法院研究室《关于如何理解和适用 1997 年刑法第十二条第一款规定有关时效问题征求意见的复函》表明：1997 年刑法施行以前实施的犯罪行为，1997 年刑法施行以后仍在追诉时效期限内，具有"在人民检察院、公安机关、国家安全机关立案侦查或者在人民法院受理案件以后，逃避侦查或者审判"或者"被害人在追诉期限内提出控告，人民法院、人民检察院、公安机关应当立案而不予立案"情形的，适用 1997 年刑法第八十八条的规定，不受追诉期限的限制。1997 年刑法施行以前实施的犯罪行为，1997 年刑法施行时已超过追诉期限的，是否追究行为人的刑事责任，应当适用 1979 年刑法第七十七条的规定。

这个复函和全国人大法工委的答复基本相似，也就是区分两种情况，一种情况是在 1997 年之后提出控告的时候仍然在追诉时效之内，可以适用 1997 年刑法有关推诿踢皮球不受追诉时效限制的规定，但如果提出控告的时候已经超出追诉时效，则不能适用这个规定。比如，张三 1988 年实施故意伤害致人死亡，追诉时效为二十年，现在被害人家属在 2007 年向司法机关报案，司法机关没有受理，由于 2007 年仍然在追诉时效的 20 年内，所以，这就不受追诉时效的限制，可以一直追诉下去。但是如果被害人家属在 2010 年才提出首次控告，司法机关拒不受理，由于初次控告的时间点已经超过了追诉时效，那么就不能适用第八十八条第二款的规定。

人类的有限性决定了人类的司法制度只能寻找有限的正义，这种有限的正义之所以能够为人所尊重，就是因为它是通过正当程序所达至的正义。

如果无视程序规则追求实体正义，类似张玉环案的悲剧就会不断重演。正是在这个意义上，程序往往比实体承载了更多的刑事正义。美国最高法院大法官杰克逊（Robert H. Jackson）曾说过："程序的公平性和稳定性是自由不可或缺的要素，只要程序适用公平、不偏不倚，严厉的实体法也可以忍受。"[1]

生活远比戏剧更荒诞与沉重，但荒诞不是让我们绝望，而是让我们重新滋生勇气与信心。

有很多朋友认为迟来的正义是非正义，但我总觉得迟来的正义比永远等不到的正义要强。我们依然相信正义的存在，看见的不用相信，但看不见的才需要相信。

所以，冤案的制造者会受到正义的惩罚吗？

1　陈小文：《程序正义的哲学基础》,《比较法研究》2003年第1期。

踹伤猥亵者，见义勇为的尺度

2020 年 6 月 1 日，湖南永州，17 岁女孩杨某和男同学胡某在商场逛街时，杨某感到路人雷某用手臂故意碰撞其胸部，怀疑对方故意猥亵。她查看监控后报警，在等民警时，涉事男子突然逃跑。胡某追至商场外停车场，两次脚踢雷某，但未踢中，第三次脚踢雷某致其倒地受伤。经司法鉴定：雷某右肱骨头粉碎性骨折、右股骨粗隆间粉碎性骨折，上述骨折均为新鲜骨折，两处损伤分别构成腿伤一级。

事隔两个多月，胡某的父亲突然收到一纸拘留通知书称，胡某因涉嫌故意伤害（轻伤）罪于 8 月 21 日 19 时被刑事拘留。随后，"踹伤了对同行女孩伸出'咸猪手'的男子，该被刑拘吗？"成了网上的热门话题。

在引发广泛关注和激烈讨论后，案情走向出现了逆转：永州市公安局已责令冷水滩分局撤销案件，立即解除对踹人者胡某的刑事拘留，提级由市公安局重新调查。对雷某猥亵他人的违法行为，冷水滩分局依据《治安管理处罚法》处行政拘留 15 日。[1]

这是一起关于法治社会如何合理进行私力救济的经典案例，通过这起案件，我们能够厘清法律中一些耳熟能详却不一定真正理解的专业名词。

这不是正当防卫，是什么？

正当防卫是为了使国家公共利益、本人或他人的人身财产或其他权利免受正在进行的不法侵害，而采取的制止不法侵害的行为。

胡某的行为不属于正当防卫，因为不法侵害已经结束了。据报道，胡某因女同学被猥亵，而与猥亵者雷某发生争执，在后者试图逃离时将其踹伤。踹人的行为发生在猥亵停止之后，既然不法侵害已经结束了，事后的这种攻击行为当然不符合正当防卫的时间条件，不具有防卫性质，不成立正当防卫，也不是防卫过当。

既然如此，警方最初认定胡某涉嫌故意伤害致人轻伤并将其刑事拘留，是否就是合理的呢？显然也不是。

我国刑法虽然只规定了"正当防卫"和"紧急避险"两种法定的排除犯罪性的事由，但刑法理论中存在大量超法规的违法阻却事由，比如法令行为、正当业务行为、得到被害人承诺的行为等等，允许公民在紧急状态下私力救济。

这些超法规的违法阻却事由是道德生活赋予公民的权利，在

1　唐波涛：《冷水滩区胡某某伤人案提级由永州市公安局重新调查》，永州新闻网，2020-08-26。

一定程度上缓和了机械的严刑峻法。比如行为人在他处发现自己被偷的摩托车，没有报警就骑了回来，表面上虽然符合盗窃罪的构成要件，但本质上属于自救，是一种被许可的行为。

回到本案，胡某的行为虽然不属于正当防卫，但具有扭送的性质。扭送属于法令行为，是一种重要的违法阻却事由，比如在没有经过被害人家属同意的情况下法医依然解剖被害人尸体，表面上虽然符合侮辱尸体罪的构成要件，但显然不构成犯罪，因为解剖尸体是法医基于法律、法令、法规的规定所实施的行为。

而根据我国《刑事诉讼法》第八十四条，对于有下列情形的人，任何公民都可以立即扭送公安机关、人民检察院或者人民法院处理，其中之一就是"正在实行犯罪或者在犯罪后即时被发觉的"。因此，如果胡某欲将猥亵者送交公安机关而被拒绝，由此引发的强制行为就属于法律规定的扭送行为。

当然，扭送的手段不能超过必要的限度，否则就属于扭送过当了。据警方通报，猥亵者在试图逃离时，被胡某踹成一级轻伤。所以这里的问题就是：在扭送过程中导致他人轻伤是否超过必要限度？

关于这个问题，历来存在"行为正当说"和"结果正当说"之争。前者站在"事前"采取一般立场进行判断，后者则从"事后"开启理性人视野。那么，法律应该采取一般人标准还是理性人标准呢？

应该说，上述两种立场都有各自的相对合理性，而法律永远是一门平衡的艺术。比如《刑法》第二十条第三款规定，"对正在进行行凶、杀人、抢劫、强奸、绑架以及其他严重危及人身安全的暴力犯罪，采取防卫行为，造成不法侵害人伤亡的，不属于防卫过当，不负刑事责任"，采取的是"行为正当说"立场；同时《刑法》第二十条第二款针对一般犯罪的防卫限度仍然要求不能"明显超过必要限度造成重大损害"，似乎又是"结果正当说"的立场。

但在此案中，即便认为胡某的扭送行为超越了必要限度，属于扭送过当，那它和防卫过当一样，在司法实践中属于"过失"，而"过失"对轻伤是不构成犯罪的。也就是说，即便按照扭送过当处理，胡某的行为也不构成犯罪，不宜对其进行刑事拘留。

假想的扭送

也许有人会有不同意见，认为《刑事诉讼法》所谓的"扭送"针对的是犯罪之人；本案中，猥亵者只是在公众场所猥亵，并未实施强制猥亵，其行为属违法行为，并不构成犯罪，而对于违法行为不能"扭送"。

这里需要注意的是，公众对犯罪的理解并不一定要达到专业的程度。比如一个13岁的小孩正在实施杀人，虽然他不负刑事责任，但是公众是否可以对此杀人者进行扭送呢？当然可以。

退一步说，即便把"扭送"的对象限定为刑法意义上的犯罪，胡同学的行为也属于"假想扭送"，也就是主观上想将犯罪分子扭送至司法机关，但客观上所扭送的仅仅是实施治安违法的行为人。

在刑法理论中，这属于假想的正当化，假想防卫、假想避险、假想自救等等均属此列。刑法学界的主流观点认为，当一种假想正当化具备合理的根据时，可以排除罪责。通俗地说，假想正当化一般可以排除故意，如果存在过失，可以构成过失犯罪；如果没有过失，那么就是意外事件。

比如便衣警察在抓歹徒，但张三误认为警察是坏人，对警察进行了殴打，把警察打成了轻伤，这就属于假想防卫，由于过失对轻伤不负刑事责任，所以这就属于意外事件，不构成犯罪。

又如李四的摩托车被盗，次日在王五家发现了自己的摩托车，于是骑回了家，但后来又发现不是自己的摩托车，这属于假想自救，虽然客观上有盗窃行为，但主观上没有盗窃故意，所以不构成犯罪。

因此，即便把扭送限定为针对犯罪的行为，胡同学的行为也可以视为假想扭送，可以排除犯罪故意，而由于过失对轻伤不负刑事责任，因此不构成犯罪。

所以，无论是将胡某的行为理解为"扭送""扭送过当"，还是"假想扭送"，对于其造成猥亵者轻伤的行为，其实都没有必要以犯罪论处。

刑法是最严厉的惩罚手段，这种惩罚必须具备道德上的正当性，虽然一种违反道德的行为不一定是犯罪，但一种在道德上被鼓励的行为一定不是犯罪。

在大陆法系的德国，自从汉斯·韦尔策尔[1]提出社会相当性理论，在刑法中必须考虑道德规范的要求已然成为德国刑法理论

---

1 汉斯·韦尔策尔（Hans Welzel, 1904.3.25—1977.5.5），德国刑法学家和法哲学家。曾参与《德国刑法典》的修订。代表著作有《论目的的行为论》《自然法与实质正义》等。

的重要特征。当前，德国刑法学的主流观点认为，刑法的目的应当由原来单一的法益保护转变为保护法益和维护社会道德并举。

在日本，虽然"行为无价值"和"结果无价值"曾经有过激烈的争论，但从20世纪90年代起，两者的对立逐渐趋于平息。越来越多的学者意识到，在刑法中并不能完全排斥道德主义，刑法以及作为刑法执行者的国家都必须接受道德的约束。

在更多的国家，至少消极的道德主义，即用道德规范作为限制处罚的依据，是被普遍接受的。

无论如何，善行都不能论以犯罪，否则违法就并非不义，反而成为荣耀了。司法活动不是电脑运算，必须考虑民众的道德情感的行为，唯此才能保证司法的公信力。

刑法的合理性不是来自形而上学的推理，而是来自它所服务的道德观念。如果法律过于刚性，那么司法的作用不是让它更加刚硬，而是要用道德的润滑剂让法律柔软，满足民众的常情常感。

这里，我想援引英国刑法学家詹姆斯·斯蒂芬在《自由·平等·博爱》一书中的话："在任何情况下，立法都要适应一国当时的道德水准。如果社会没有毫不含糊地普遍谴责某事，那么你不可能对它进行惩罚，不然必会'引起严重的虚伪和公愤'"。

优势证据与合理怀疑：锤杀案中的证明难题

2020 年 12 月，重庆女子刘某会凌晨锤杀丈夫一案引发讨论。

检方指控，2020 年 7 月 8 日 23 时至 9 日凌晨 3 时许，重庆梁平区 45 岁女子刘某会的再婚丈夫蒋某银欲性侵其女儿龙某，被刘某会制止。刘某会遭蒋某银殴打。4 时许，刘某会持铁锤多次击打俯卧在床上的蒋某银，致其死亡。刘某会被诉故意杀人。[1]

"该女子是否构成正当防卫"成为庭审焦点。而问题的关键在于，死者蒋某银在案发当时是否已经睡着？如果还未入睡，不法侵害就仍然处于正在进行中，刘某会的行为就可能论以特殊防卫，不构成犯罪。但如果蒋某银已经睡着，那么不法侵害已经结束，刘某会的行为可能就属于事后防卫。

当然，事后防卫并不必然属于故意杀人，如果出现认识错误，属于假想防卫，也可能以过失或意外事件论处。控辩双方对于死

1　谢寅宗：《专家谈"女子凌晨锤杀丈夫"：是否构成正当防卫的关键是什么》，澎湃新闻，2021-01-01。

者是否睡着争辩不休，有学者认为如果公诉方没有足够证据证明死者蒋某银在案发当时已睡着，即不法侵害确实已经结束，就应做出有利于被告人的认定。

对于这种观点，学界也不乏质疑的声音。这里涉及正当防卫的证明责任的问题。证明责任一般可分为提出责任与说服责任。前者指刑事诉讼的当事人提出证据使自己的主张成为争议点的责任，后者则指主张一方提出证据说服审判者自己的主张为真的责任。法律问题不可能像数学公式那么精准。

当前，关于证明责任分配的原则和标准在世界范围都存在争议：

第一种是犯罪构成标准。这种标准认为控辩双方都应承担提出责任与说服责任。这种标准主要盛行于普通法系，尤其是美国。

普通法系的犯罪构成理论是一种双层结构，包括本体要件与辩护要件，前者包括客观行为和主观意图，后者包括各种辩护事由，如正当防卫、认识错误、精神病等。这种犯罪构成理论是一种入罪与出罪的二元对立模式，其最突出的特点就是充分利用民间司法资源对抗国家的刑罚权，发挥被告人及其辩护人的积极性，在动态中实现国家权力和个人自由的平衡。

控诉方对于本体要件要承担两种证明责任。首先，控诉方必须对本体要件的每个要素提出相应的证据；其次，为了达到对被告人定罪的目的，其证明标准还应达到超出合理怀疑的程度。对于辩护理由，普遍认为应当由被告方承担提出证据责任。被告方须先行提出存在辩护理由，并提供相应的证据，如证明行为是正当防卫等。

当然，被告方所提及的证据只要让人相信控诉方关于本体要件的证明存在合理疑点即可，也即引起合理怀疑。如果他不提出相应的证据而仅提出申请，法官就不会将此主张提交陪审团裁决。

比如张三在光天化日下杀人，最后他辩解说："我以为对方是只猪。"这种认识错误的辩解太过荒谬，根本没有达到引起人合理怀疑的程度，法官根本就不会考虑这种辩解。但如果张三的辩解是："我当时在猪圈旁边走路，有只猪拱我，我非常生气，拿石头把猪砸死了，后来才发现是个披着猪皮的人在猪圈里面体验生活。"如果存在相应的事实，这个辩解就可能达到了合理怀疑的程度，那么这个辩解就可以作为辩护理由供法官考量。

对于辩护理由的说服责任，则存在较大的分歧，有些司法区认为，被告方必须提出优势证据证明这些辩护理由。用不太精准的百分比来说的话，如果说合理怀疑大概是30%的可能性，那么优势证据就得是51%的可能性。但也有不少司法区认为，被告方无需承担说服责任，换言之，只要被告提出存在正当防卫的辩护理由，这种辩护理由达到了让人产生合理怀疑的程度，那么就应该由公诉机关承担超出合理怀疑的说服责任来反驳辩方的理由。

第二种标准是无罪推定原则。这是刑事诉讼中的基本原则，指任何人未经法定程序并依实体法被确定有罪以前，都应当被推定为无罪。

根据无罪推定标准，控诉方须承担被告人有罪的证明责任，控诉方应证明被告人道德上可谴责性的所有要素。无罪推定标准反对区分本体要件和辩护理由，认为有些辩护理由与犯意和道德上可谴责性的关系十分密切，要求被告人承担说服责任违反无罪推定原则。

无罪推定标准在大陆法系比较普遍，比如德国，其犯罪构成由构成要件该当性、违法性和有责性三个依次递进的结构组成。控诉方不仅对构成要件该当性负有提出责任和说服责任，同时如果由该当性推定成立的违法性和有责性出现疑问时，不论这种疑问的产生是因被告人的主张和举证引起还是因控诉方提出的证据而引起，都应当由控诉方承担说服责任，如果控诉方不能排除这些疑问，法官就应做出有利于被告人的判决。

这两种标准都存在一定的问题。犯罪构成标准当前所面临的困境主要在于本体要件与辩护理由的界分并不清晰，导致证明责任在分配上的困惑。从表面上看，本体要件是肯定性的入罪要件，辩护理由是否定性的出罪要件，黑白之间，泾渭分明。然而，在具体操作时两者往往存在中间地带。由于本体要件和辩护理由本身界限模糊，如果认为辩方需要承担辩护理由优势证据的说服责任，那么证明责任就可根据情势任意分配。

比如被告人不在场，这似乎是对本体要件的否定事由，那它是本体要件，还是辩护要件？又如认识错误，这将导致犯罪故意的排除，这是本体要件，还是辩护要件？这都不无争议。

因此，立法者完全可能将本体要件贴上辩护理由的标签任意分配证明责任。比如，立法者既可以将强奸罪中"被害人的不同意"作为本体要件，从而由公诉机关承担超出合理怀疑的说服责任，也可以将其视为辩护理由，由被告方提供优势证据对此加以证明。甚至可以将谋杀定义为造成他人死亡的行为，于是让被告方承担证明他不是出于恶意之辩护理由的说服责任。

正是因为这种困境，所以无罪推定标准反对区分本体要件和辩护理由。不少原来采取犯罪构成标准的国家，如普通法系的英国和加拿大都基本上放弃了犯罪构成标准，倒向了无罪推定标准，认为对于辩护理由被告方只负有提出责任，而不应承担说服责任。

根据无罪推定标准，控诉方必须承担被告人有罪的证明责任，被告方无需承担任何要素的说服责任。从表面上看，在与犯罪构成标准的对决中，无罪推定标准似乎大获全胜，然而现实并非如此。首先，无罪推定标准存在大量的例外规则，也即所谓的举证责任倒置。比如加拿大和英国虽然已经倒向无罪推定标准，但法律和判例中却仍有大量的例外规则，要求被告人承担说服责任。如英国在2002年通过兰伯特案件（Lambert）和卡勒斯案件（Carass）确立了无罪推定标准，但如一年后的《性犯罪法》（*Sexual Offences Act*, 2003）又规定，在法定强奸罪中被告方不仅负有提出责任，还要承担说服责任，被告方必须提供优势证据说服陪审团相信他以为女方年龄已经达到16岁。

其次，无罪推定标准让控诉方承担的举证责任过重，往往矫枉过正，导致立法者取消某种辩护理由，这对于被告方更为不利。比如，在性侵犯罪中，得到女方同意是一种辩护理由，有些地方为了规避控诉方的证明责任，而将此罪完全视为暴力犯罪，只要行为人实施了暴力行为，性行为就构成犯罪，得到女方同意不再视为一种辩护理由。这正如美国最高法院在帕特森案所指出的：正当程序条款不能让国家置于这样的选择：或者抛弃这些辩护理由，或者为了取得有罪判决而反证辩护理由不存在。[1]

1　Wayne R. LaFave, *Criminal Law*, Fourth edition, West Group, 2003, P60.

普通法系之所以想撇开传统的犯罪构成标准，就在于如果辩护理由都由辩方承担优势证据的说服责任，有时对辩方会非常不利，甚至导致辩护理由在事实上不再存在。但是如果按照大陆法系的做法，彻底地倒向无罪推定，辩方无需承担任何辩护理由的说服责任，那么又可能矫枉过正，导致立法机关干脆在法律上取消某种辩护理由。

比如，为什么很多国家不承认法律认识错误这种辩护理由？就在于如果认可它的存在，会让控诉方承受无力证明的重担。一种稳妥的方法是在两种标准中求取一个平衡点。合理的证明责任标准要同时符合诉讼公正和效率的要求，兼顾惩罚犯罪与保障人权的诉讼使命。

首先，它应当合理地区分本体要件和辩护要件，尽可能地避免两者之间存在过多的模糊地带。其次，能吸收无罪推定标准的合理成分，避免其不足。根据无罪推定标准，与犯罪有关的要素原则都应由控诉方承担证明责任，被告方只对例外事由有一定的证明责任。同时，控诉方按照理性的客观一般人的标准证明被告人有罪，被告人主观所独知的个别化事由应当由其自身承担证明责任。

因此，犯罪构成理论应当体现这种原则与例外、客观与主观的层次性要求，从而合理分配证明责任。借助大陆法系的递进式犯罪构成理论可以弥补普通法系犯罪构成标准的不足。这种犯罪构成理论由构成要件该当性、违法性和有责性三个依次递进的结构组成，不仅能够比较清晰地区分本体要件和辩护要件，还能体现证明责任所需要层次性安排。

行为一旦具有构成该当性，就可推定具备违法性和有责性。

控诉方通常只对犯罪构成该当性承担证明责任而无需证明违法性和有责性。只有当诉讼中出现了或者被告方提出了违法阻却事由或责任阻却事由可能存在的证据，使得违法性和有责性的推定出现了疑点，控诉方和被告方才可能出现证明责任分配的问题。

具体而言，当行为符合构成要件该当性，就推定具有违法性和有责性，因此就要从反面来看是否存在违法阻却事由，如果行为不具有违法性，也就无需再进行下一步判断。构成要件该当性和违法性的判断是一种客观一般人的判断。

如果行为具备构成要件该当性、违法性，那么就要深入行为人的内心深处，进行有责性的判断，也即要判断行为人是否有责任阻却事由，这种责任判断显然是一种主观化的个别判断。同时，大陆法系对于犯罪排除事由分为违法阻却和责任阻却，正好对应于普通法系的辩护理由的正当化事由和可得宽恕事由的区分。

违法阻却和责任阻却没有必要采取同样的证明责任标准，毕竟前者是一种一般化判断，后者是一种个别化判断，需要考虑行为人的个别化状况。对于前者认定而言，控诉机关有优势，但是对于后者的认定，辩方自身有优势。

总之，法律永远是一种平衡的艺术，如果辩方无需承担任何辩护理由的说服责任，这对控方也可能是一种不可能完成的任务，物极必反的结果反而会导致辩护理由的取消，给辩方带来更大的不利。因此，稳妥的做法是将辩护理由区分为违法阻却和责任阻却，辩方对于违法阻却事由没有说服责任，只要承担合理怀疑的提出责任，证明责任就转嫁至控方。但是对于责任阻却，辩方依然需要承担优势证据的说服责任。

犯罪构成与证明责任的关系

证明对象 当事人	控诉方	被告方
构成要件该当性	提出责任和（超出合理怀疑的）说服责任	对构成要件该当性的阻却事由有（让人产生合理怀疑的）提出责任
违法阻却事由（如正当防卫）	（超出合理怀疑的）说服责任	（让人产生合理怀疑的）提出责任
责任阻却事由（如精神病辩护）	（超出合理怀疑的）说服责任	提出责任和（优势证据的）说服责任

回到本文最初的案件，对于死者是否睡着，辩方只需要提出让人产生合理怀疑的证据，主张蒋某银仍然处于清醒状态，如果公诉方没有超越合理怀疑的证据反驳辩方的主张，那就应做出有利于被告人的认定，认为不法侵害仍在继续，从而认定本案属于正当防卫。

人类事务千变万化，人类理性的有限性决定了法律所追逐的正义是有限的。法律的正义不可能是完美的正义，有时追求最优选择反而会事与愿违，甚至适得其反。我们希望本案在现行的法律的框架内能够寻找到一个相对较优的选择，让民众朴素的直觉与法律的专业判断不会相去甚远。

（本文节选自拙文《犯罪构成与证明责任》，原载《证据科学》2016年第4期）

与智力残障女孩结婚构成强奸罪吗？

2021 年 3 月，河南驻马店泌阳高店镇一名智力残障的 22 岁女孩嫁给 55 岁张姓男子一事，引发网友关注。网传视频中女孩和男子佩戴喜花，女孩哭闹不停，男子时不时拿着卫生纸替她擦拭泪水。[1]

网友质疑女孩是否同意结婚，或者说智力残障人士是否有性同意能力，甚至有法律界人士认为，张某涉嫌强奸罪。这种观点是值得我们思考的。

心智不全之人，一般缺乏对性的理解能力，因而不能对性行为做出有效的同意。为了保护弱势群体的特殊利益，防止有人利用被害人心智缺陷来攫取性利益，各国一般都将与这类群体发生性行为视为严重犯罪。如日本刑法第 178 条，"乘人心神丧失或不能抗拒或使之心神丧失或不能抗拒而为猥亵行为或奸淫之者"，按强制猥亵罪或强奸罪处罚。

---

[1] 薛莎莎：《男子回应"娶智障女孩"：对方父母没要彩礼，让我对她好就行》，澎湃新闻，2021-03-01。

我国刑法对此情况虽未明文规定，但是1984年司法解释写道："明知妇女是精神病患者或者痴呆者（程度严重的）而与其发生性行为的，不管犯罪分子采取什么手段，都应以强奸罪论处。"这个司法解释虽然已经失效，但是仍然具有参考价值。

上述解释遵循的是缓和的家长主义理念——对于心智不全之人，法律应当像家长一样，通过限制他/她们的自由来保障他/她们的福祉，以防止强者对弱者的剥削。与心智不全者发生性行为可能受到法律的惩罚，在客观上限制了这一群体的性权利，然而，法律的目的并不在于干涉或剥夺他们的性权利，而在于保护该群体的利益不受他人掠夺。

换句话说，如果与心智不全者发生性关系之人没有利用后者的弱势地位，那么就谈不上性侵犯一说，法律对这种私人生活也就不应干涉，否则就是对心智不全者正当权利的剥夺。

这正如民法认为精神病人无民事行为能力一样，法律也并非剥夺精神病人的权利，而是害怕有人会利用精神病人的缺陷造成交易的不公平。因此，当交易行为对精神病人有利，那么这种交易行为则可能是有效的。

总之，法律不应该完全禁止心智不全者的性权利，否则就是通过保护来剥夺他/她们的自由。只有那些利用心智不全者的人才应当受到惩罚，也只有那些确实不能理解性行为意义、没有性同意能力的病患才需要法律的特殊保护。

那么，如何理解性同意能力呢？心智不全者是否一概没有性同意能力？

1984 年司法解释将痴呆者限定为"程度严重的"。世界卫生组织将智力残疾分为四级：一级智力残疾，即极重度智残，IQ 值在 20 或 25 以下，终生生活全部需由他人照料；二级智力残疾，即重度智残，IQ 值在 20—25 或 25—40 之间，生活能力即使经过训练也很难达到自理，仍需要他人照料；三级智力残疾，即中度智残，IQ 值在 35—50 或 40—55 之间，生活能部分自理，能做简单的家务劳动，具有初步的卫生安全常识；四级智力残疾，即轻度智残，IQ 值在 50—70 或 55—75 之间，适应行为低于一般人的水平，具有相当的实用技能，能承担一般的家务劳动或工作，经过特别教育，可以获得一定的阅读和计算能力，对周围环境有较好的辨别能力，能比较恰当地与人交往。显然，不同级别的智力残疾对于性同意能力的影响是不一样的。

在判断智力残疾人士的性同意能力时，不仅要考虑医学标准，还要考虑心理学标准。对于心理学上判断的具体标准，各国做法不尽相同，但大致形成了如下观点：①被害人是否能够表达出自己对事情的判断；②他 / 她是否能理解行为的道德属性；③他 / 她是否能理解性行为的性质（性行为这个事实本身以及性行为与其他行为完全不同）以及可能的后果；④他 / 她是否能够理解性行为的性质。[1]

多数国家和地区会在第三和第四种标准中"二选一"。这两种标准的细微差别在于——根据第三种标准，没有性同意能力之人

---

[1] Jennifer Temkin, *Rape And The Legal Process*, Oxford University Press, 2002, P113.

不仅不能理解性行为的性质，也缺乏对这种行为后果的认识；而根据第四种标准，只要无法理解性行为的性质，那么就可以认定被害人没有性同意能力。

因此，如果某人由于精神疾患，不清楚性行为的性质，但是却清楚地知道这种行为会导致怀孕或感染性病，那么根据第三种标准，他/她有性同意能力，而根据第四种标准则无性同意能力。哪种标准更为合理，这是一个需要慎重思考的问题。

需要再次强调的是，法律对智力残疾人士的特殊保护是为了防止有人利用他/她们的弱势地位攫取性利益，而非完全剥夺他/她们性的积极自由。因此，如果行为人没有利用被害人的弱势地位，那么这种非强制的性行为就不应该受到法律的干涉。根据这一结论，至少可以形成两个推论：

其一，行为人必须在一定的犯罪心态的支配下与智力残疾人士发生性行为，才存在利用对方缺陷的可能，而如果根本无法知道对方是智力残疾，那么也就不存在处罚的前提。

其二，与智力残疾人士在婚姻内发生的性行为一般不应该看成犯罪。一般说来，婚姻内所发生的性行为不存在利用对方缺陷的情况，因而没有侵犯对方的性自治权，所以不具有惩罚的正当性。

具体说来，这又可以细分为如下几种情况：被害人婚前患有智力残疾，而行为人不知，在结婚之后才发现对方智力残疾，但仍然与之性交，性交的发生并没有利用对方智力缺陷，因此刑法对这种私人生活不应该干涉；被害人在婚后智力残疾，病后夫妻双方仍有性行为的发生，对此情况，也不能以犯罪论处；行为人知道对方是智力残疾，但仍然与之结婚，婚后与之发生性关系。

显然，第三种情况与前两者不同，婚姻的成立利用了对方缺陷，性行为的发生自然也利用了对方缺陷，因而对智力残疾的性自治权有一定的侵犯。但是，如果用刑罚手段对此加以制裁，反而会使被害人无人照料，对其更为不利。因此对于这类行为，虽然可以犯罪论处，但是对行为人也许可以免于刑事处罚，让法律效果不致偏离民众的常情常感。

作为法律人，我们时常怀有一种偏见，认为法律可以解决所有的社会问题，但这只是一种职业自欺。对于类似案件，法律能够提供的解决办法其实很少，这就是为什么德国刑法学家李斯特[1]会说：最好的社会政策才是最好的刑事政策。

此刻，我坐在温暖的书房书写这篇文章，感觉自己对智力残疾人士充满着同情与怜悯。但是，抽象的关爱与具体的帮扶之间的距离也许比从天到地都远。

有一位我非常敬仰的学术榜样，曾经在耶鲁大学和哈佛大学任教，但他后来放弃了教职，投身于对智障人士的照顾，这种从抽象到具体的关爱也许才是类似问题的对策。

无论如何，愿此案能够引发人们的思考，身体力行，真正关心身边的智力残疾人士。

---

[1]　弗兰茨·冯·李斯特（Franz Ritter von Liszt, 1851.3.2—1919.6.21），德国刑法学家，刑事社会学派创始人。

韩国 N 号房事件的 N 重罪

　　2020 年 3 月，韩国 N 号房事件被曝光，震惊了全球忙于抗疫的人们。"N 号房"聊天室起源于 2018 年 12 月，创建者 godgod 以"1 号房""2 号房"的方式命名和运营约 8 个房间，因此被统称"N 号房"，每个聊天室有 3—4 名受害者。[1]

　　2019 年 2 月，watchman 接手并扩张了聊天室。9 月，用户"博士"加入了聊天室的运营，创办了"博士房"聊天室。"博士"通过在社交平台上发布高薪兼职广告吸引年轻女性，骗取受害者的裸照或不雅视频，同时在另一个聊天群里直播自己聊天过程并录制视频提供下载。如果受害女性试图逃脱，"博士"就以不雅视频、裸照和公开个人信息进行威胁，迫使其继续拍摄视频。

　　依据内容尺度，"博士"将付费聊天室分为三个等级，分别收

1　案件报道来自澎湃新闻相关报道：红星新闻，《韩国网络性犯罪"N 号房"主谋落网，家里搜出1.3亿韩元》(2020-03-24)；《"N 号房"主犯另有经营隐秘高价聊天室，韩国警方正锁定会员》(2020-03-27)。

取 20 万—25 万韩元、70 万韩元、150 万韩元的虚拟货币作为会员费。"博士"将对女性进行性威胁得来的照片、视频等资料发布在聊天室中，甚至进行直播，受害人被要求在身体上刻字、食粪饮尿、将虫子放入性器官，以及侵犯自己的幼年亲属，部分受害者亦于线下遭受性侵，一些聊天室甚至对性侵行为进行录影上传乃至直播。

在 N 号房事件中，已知受害者多达 74 人，其中有 16 名未成年女性，年龄最小的受害者年仅 11 岁。

2020 年 11 月 26 日，韩国首尔中央地方法院对"N 号房"一案进行了一审判决，判处主犯"博士"有期徒刑 40 年，并将"N 号房"犯罪团伙定性为犯罪集团。另有其余数名共犯获刑 5—15 年不等。2021 年 4 月 8 日，创建人 godgod 一审被判 34 年。[1]

N 号房案件非常令人震惊，一审判决后，也有朋友问我，如果这种案件发生在我国，应当如何处理。

我想这至少涉及两类主体：一是组织者，二是围观者。

组织者涉及性犯罪以及传播淫秽物品两类犯罪。依据我国刑法，性犯罪主要是第二百三十六条规定"强奸罪"和二百三十七条规定的"猥亵类犯罪"。

N 号房案件中，组织者胁迫受害者发生性关系，那直接可以构成强奸罪，而且从媒体的报道来看，大概有 26 万人观看了这些恶性的直播视频。问题在于，网络空间能否解释为公共场所，从而适

1　郭艳峰：《快讯！韩国"N号房"创建人"godgod"一审被判34年》，环球网，2021-04-08。

用在公共场所当众强奸妇女、幼女的条款？如果可以，那就属于强奸罪的加重情节，可以判处 10 年以上有期徒刑、无期徒刑和死刑。

2013 年最高司法机关曾经发布过《最高人民法院、最高人民检察院关于办理利用信息网络实施诽谤等刑事案件适用法律若干问题的解释》，其中就认为"网络空间"属于"公共场所"，因此编造虚假信息，或者明知是编造的虚假信息，在信息网络上散布，或者组织、指使人员在信息网络上散布，起哄闹事，造成公共秩序严重混乱的，可以按照《刑法》第二百九十三条第一款第四项的规定"在公共场所起哄闹事，造成公共场所秩序严重混乱的"，以寻衅滋事罪定罪处罚。

但是，这个司法解释却导致网络寻衅滋事罪的极度扩张，因此有学者认为将"网络空间"解释为"公共场所"是错误的，是一种违反罪刑法定原则的类推适用。

然而，问题可能并非"网络空间"能否解释为"公共场所"，而是因为寻衅滋事罪这种模糊性罪名本身就极具扩张性。这也是为什么笔者一直认为寻衅滋事罪应当分解为若干明确性罪名，否则它的超级扩张是无法避免的。

这也是为什么 2015 年《刑法修正案（九）》增加了一个编造、故意传播虚假信息罪 [1]，将上述司法解释的内容以一个明确的罪名

---

[1] 编造虚假的险情、疫情、灾情、警情，在信息网络或者其他媒体上传播，或者明知是上述虚假信息，故意在信息网络或者其他媒体上传播，严重扰乱社会秩序的，处三年以下有期徒刑、拘役或者管制；造成严重后果的，处三年以上七年以下有期徒刑。

取而代之，这其实是以立法的形式宣告了司法解释相关条款已经作废。

"在公共场所当众强奸妇女、奸淫幼女"之所以属于强奸罪的加重情节，这至少有两方面的原因：一是从行为不法角度，在公共场所当众强奸表明了行为人胆大妄为，是对法秩序的公然挑战；二是从结果不法角度，这种行为会带给被害人极度的耻辱和伤害。显然，在网络空间强奸妇女的也兼具行为不法和结果不法，因此应当属于该加重情节。在 N 号房事件中，有人在直播性侵时点赞打赏，这是一种精神性的鼓励，对于性侵行为有促进作用，自然可以理解为帮助犯。

组织者触犯的第二类犯罪，就是淫秽物品的犯罪。比如组织者录制性侵视频，然后把视频发在网上，就不能理解为在公共场所当众强奸妇女，因为犯罪地点依然是私密场所，发视频的行为构成传播淫秽物品和侮辱罪，从一重罪。

我国关于淫秽物品的犯罪有两类：一类是非牟利性的传播淫秽物品罪，法定刑最高是两年有期徒刑；还有一类是牟利性的传播淫秽物品牟利罪，最高是判处无期徒刑。

有很多人往往以表达自由来为淫秽物品脱罪，但是我觉得这种观点很难被接受，如果自由不加限制的话，一定会导致强者对弱者的剥削。而在 N 号房事件中，我们明显看到许多经济地位处于不利的女性被组织者残酷地剥削。

禁止传播淫秽物品，除了淫秽物品会腐蚀未成年人的原因之外，还有一个重要的原因就是道德主义的禁止剥削原则，传播淫秽物品牟利不仅是对女性的剥削，也是对有不良偏好者的剥削，而如果利用这种剥削来进行牟利的话，那就错上加错。

第二类主体就是**围观者**。有很多人往往认为围观者可能是不构成犯罪的，但是刑法理论规定了共同犯罪，如果你明知道他人要去实施性侵或猥亵，来制作相应的视频，你依然为其提供金钱的资助，在主观上你知道在帮他实施性犯罪，客观上你也实施了帮助行为，当然构成共同犯罪。

当然，这里面有一个突出的问题：单纯地点击淫秽视频，单纯地观看淫秽视频，这是否构成犯罪？在世界各国，这一般是不构成犯罪的。淫秽物品与性有关，刑法的规制很容易与隐私权发生冲突，导致国家权力过分触及私人生活。一如英国刑法学家詹姆斯·斯蒂芬所警告我们的："试图用法律或舆论的强制去调整家庭内部事务、爱情或友情关系，或其他许多同类事务，就像试图用钳子从眼球中夹出人的睫毛一样，这会把眼球拽出来，但绝对得不到睫毛。"[1]

对于淫秽物品的打击应当避免对隐私权的过度侵扰，否则，一方面会导致执法机关的选择性执法，另一方面也会让公权力过度滋扰公民的私生活。如果单纯地拥有、观看或者私下传播也是犯罪，由于它难以发现，司法机关必然会有选择性查处案件，司法人员很有可能基于偏见选择性执法。同时司法机关也可能普遍性地对公民手机、邮箱、微信、微博等各种社交软件都进行监听，

1　[英]詹姆斯·斯蒂芬：《自由·平等·博爱》，冯克利、杨日鹏译，江西人民出版社，2016年，第114页。

私人生活将暴露于权力之下，无法遁逃。

因此，在对淫秽物品犯罪打击的前提下，也要注意必要的限缩，以平衡不断扩张可能带来的弊端。这首先就是将传播行为限定为公然传播，只有这种传播才违反了冒犯原则。对于私密传播，尤其是朋友之间点对点的传播没有必要进行打击。所谓公然传播也就是向不特定人传播，如果传播的对象是特定的，没有必要以犯罪论处。在 N 号房事件中，这种传播显然并非特定的，自然可以犯罪论处。

值得关注的是，有些国家认为如果淫秽视频是儿童的淫秽视频，单纯的持有也是构成犯罪的，他们认为保护儿童的权益比隐私权的利益要更大。一个非常重要的判例是 1990 年美国最高法院奥斯博瑞诉俄亥俄州（Osborne v. Ohio）案，该案中被告奥斯博瑞，被警察在其家中发现 4 张一个 14 岁男孩的裸照，依照俄亥俄州法律，"持有或者观看一个非己子女或者被监护人的裸照"构成犯罪，奥斯博瑞被判有罪。奥斯博瑞向最高法院提起上诉，认为依据宪法第一修正案，自己有权持有该照片，但最后法庭认为从国家保护儿童的利益出发，俄亥俄州宣布禁止观看、持有儿童色情影音是合宪的。[1]

每当恶性案件发生，我们不禁发问，为什么会有许多人实施这类犯罪？人心隐藏着整个世界的败坏，我们每个人的心中都藏着一个张三。所以日光之下别无新事，案件暴露出的最重要的问

---

[1] 牛旭：《美国网络儿童色情物品持有罪的立法变革》，《当代青年研究》2016年第3期。

题就是人们有没有学会去尊重他人。"人只能是目的，不能是纯粹的手段"，一个尊重别人的人，就不会把他人当作玩物；一个尊重人性的人，同样也能够尊重自己，而不会沉溺于这些败坏低级的趣味之中。

在当前的社会，我们会发现，虽然法律极力倡导男女平等，但是不得不承认，女性依然在很多时刻处于弱势地位。所以，法律应该给予女性更多的关心和更多的关爱，在男女交往的过程中，最重要的功课就是学会尊重，要真正地想一想我们能不能发自内心地去尊重他人。

四、性刑法

性刑法的惩罚边界

提及性犯罪，人们首先想到的就是"伤风败俗""有伤风化"。如何看待性风俗与刑法的关系，厘定性刑法的惩罚边界，这是法治社会必须解决的问题。

性刑法的历史

性刑法是一种对性行为进行规制的刑法规定。

在历史上，它主要体现为对性风俗的维护。性风俗是指在特定社会文化区域内为人们共同遵守的有关性的行为模式或规范，对社会成员有一种非常强烈的行为制约作用。作为一种历史形成的风气和习俗，性风俗为多数人认同并遵循，在一定时间、空间范围内是稳定的。

然而，性风俗并非绝对不变，它会随着政治、经济等诸多因素的变迁而变化。比如在中国古代，曾经有过同姓不婚的风俗，而今天这种风俗已不复存在[1]。

中国古代的"奸罪"就体现了对性风俗的保护。"奸",即"不正当的男女关系"。刑法对奸罪的设计并不保护女性支配其身体的权利。无论女性是否同意这些"不正当的男女关系",它都属于奸罪所打击的范围。在不同意的情况下,性行为可能构成"强奸",而在同意情况下,性行为则可能构成"和奸"。和奸概念非常广泛,它包括通奸(有夫奸)、亲属相奸、无夫奸等各种强奸以外的不正当男女关系。事实上,在传统的性刑法中,一切违反性风俗的行为几乎都可论之以犯罪,这在大多数文明国家都是一个通例。

历史上的性风俗将性关系限制在家庭和婚姻关系之内,这与女性的财产属性有很大关系。恩格斯在《家庭、私有制和国家的起源》中指出,"(专偶制家庭)是建立在丈夫的统治之上的,其明显的目的就是生育有确凿无疑的生父的子女;而确定这种生父之所以必要,是因为子女将来要以亲生的继承人的资格来继承他们父亲的财产……这时通例只有丈夫可以解除婚姻关系,赶走他的妻子。对婚姻不忠的权利,这时至少仍然有习俗保证丈夫享有;而且随着社会的进一步发展,这种权利也行使得越来越广泛。"[2]

由于女性的财产属性以及生产继承人的使命,因此这种风俗特别强调女性的贞洁。无论是对通奸还是对强奸的处罚,法律都

1　薛智仁:《强制性交罪修正之研究》,(中国台湾地区)《刑事法杂志》2000年第1期。

2　[德]恩格斯:《家庭、私有制和国家的起源》,《马克思恩格斯选集(第4卷)》,人民出版社1995年,第59页。

只是通过对贞洁的保护来维护某个男性的财产利益。在女性尚未结婚之时，对她们贞洁的侵犯，是对她们父亲财产的侵犯。当女性结婚之后，丈夫就成了她们贞洁的拥有者和保护者，因此丈夫之外的其他男性无论是在女性自愿还是被迫的情况下与之发生性关系，都是对丈夫财产的一种侵犯。所以，中国古代的有夫奸的刑罚要重于无夫奸，因为前者的财产损失无法挽回，但在无夫奸的情况下，犯罪者可以通过与女方结婚来解决财产受损问题，因此其刑罚相对较低。[1]

随着女性地位的提高，传统的将性行为限制在婚姻家庭关系之内的观点受到了挑战，性刑法开始从风俗刑法中走出。在20世纪60—70年代，西方开展了性革命，革命的最大要旨就在于尊重人们在性问题上的自治权利，在实践层面开始以当事人"同意"来作为判定性行为正当化的根据。在这个背景下，从20世纪60年代开始，西方国家开展了对性刑法的改革运动。改革的主要目的就在于尊重性的自治权利，将仅仅违反道德风俗但没有侵害法益的行为，予以非犯罪化，性刑法开始从风俗刑法走向法益刑法，性刑法被大大解放。比如，德国刑法以前对通奸、近亲相奸、同性恋、反自然的猥亵行为（兽奸）均予以处罚，但是1969年以来的刑法修改过程中，这种法律受到批判。学界普遍认为，成人之间基于自愿，并且避开公众的视线下实行的行为，尽管违反了

1　通奸（有夫奸）之刑重于无夫奸。《唐律·杂律》规定："诸奸者，徒一年半；有夫者，徒二年。"《元典章》也规定："强奸有夫妇人，处死；无夫，'杖'一百七。"

一般的性伦理观念，但由于行为人没有侵害他人的法益，如果仅因为其违反伦理观念就进行处罚，这是不妥当的。结果通奸罪、兽奸罪被删除，此后有关处罚同性恋行为的规定也被取消[1]。

在多数人看来，所谓性的风俗是指在一定的婚姻关系内的异性性行为。虽说多数人认同强制下的性行为违背性风俗，但是他们同时认为通奸、性放荡、同性恋、兽奸、卖淫等诸多行为同样不可容忍。如果要用刑法来维护这些性风俗，那就不可避免要将这些行为认定为犯罪。然而，现代刑法理论普遍认为，刑法是法益保护之法，单纯违反风俗的行为不能以犯罪论处。如果要借助刑法来保护性风俗，这种性风俗就必须转化为具体的法益，从而获得惩罚的正当性。

转化为侵犯性自治权的犯罪

性自治权有内外两层含义：一是外在地保证自己不受强迫的自由；二是内在地做出成熟理性选择的能力。在当代的性刑法中，保护性自治权是性风俗的首要任务。通过向性自治权法益的转化，刑法也就保护了性风俗的主要内容。侵犯性自治权的犯罪，至少有如下几类。

第一，强迫下的性侵犯罪。

拒绝强迫下的性行为是性自治权的重要内容。越来越多的地

1　[德]克劳斯·罗克辛：《德国刑法学总论（第一卷）》，王世洲译，法律出版社，2005年，第13页。

方都将强奸等性侵犯罪规定为侵犯个人权利的犯罪，而不再是风化犯罪。如法国1994年刑法典将强奸罪规定为"伤害人之身体或精神罪"，意大利1996年的刑法修正案也将性侵犯罪纳入侵犯人身罪的范畴[1]。还有些国家为了避免强奸（rape）、猥亵（indecency）这些词语本身暗含的风化之意，在罪名上也尽可能地使用比较中性的术语，如强制性交罪、性攻击罪（sexual assault）、性接触罪（sexual contact）等等。

第二，剥削未成年人及心神耗弱者性利益的犯罪。

性自治权要求行为人能够做出成熟理性的选择，未成年人及心神耗弱者（如精神病人）由于心智发育不全，无法理解性行为的意义和后果，因此其性同意能力要受到限制。

在某种意义上，法律对同意能力的限制实际剥夺了这些人在性上的积极自由。家长主义刑法观对此可以提供很好的解释。这种观点认为，在没有侵害他人，而是侵害本人的场合，为了保护本人的利益，国家也要对其进行干涉。家长主义刑法观又分为强家长主义与弱家长主义。前者认为，即便是完全具有判断能力的人，对于被干涉者的完全自由的选择、行动，也要进行介入；后者又被称为"基于德行（beneficence）的干预"，它主张，只能对于判断能力不充分的人的不完全自由的选择和行为进行干涉。学界普遍接受的是缓和的父权主义理论。这种理论的适用有两个条

---

[1] 法国1810年《刑法典》就把强奸等性侵犯罪规定在"妨害风化罪"中；意大利1930年《刑法典》也是在"侵犯公共道德和善良风俗罪"中规定了性侵犯罪。

件：其一，本人的自律判断明显是不充分的；其二，防止该种行为所得到的利益高于由于丧失自律性所伴随的不利。[1]

对于同意能力的限制正是弱家长主义刑法观的体现，因为未成年人和心神耗弱者心智发育不成熟，其自律判断不充分。同时未成年人是民族的未来，限制未成年的自律判断有助于保护民族的整体利益。对心神耗弱者同意能力的限制也是为了保护其最大福利，避免其性利益被剥削。

第三，滥用信任地位的犯罪。

如果行为人与被害人存在信任关系，如存在监护、教育、照顾等关系，由于当事人双方地位不平等，被害人尤其是未成年人无法做出真正成熟理性的选择，他们对性行为的同意是无效的，与之发生性行为可能侵犯其性自治权。对此，许多国家都有滥用信任关系攫取性利益的犯罪。

需要注意的是，法律对此行为的禁止是为了防止行为人滥用信任地位（这也是弱家长主义刑法观的体现）。但若被害人是正常的成年人，一律禁止她与对其负有信任地位的行为人发生性行为，是对人们在性上的积极自由做过多的干涉，因此，世界各国通常都把此类犯罪的被害人限定为未成年人。当然这里的未成年人并不限于未达一般性同意年龄的人。比如美国《模范刑法典》(*Model Penal Code*) 规定的法定强奸罪，同意年龄为 16 岁。但在腐蚀未成年人的性犯罪中，该法规定：如果女方不满 21 岁，监护人或对

1　[日]曾根威彦:《刑法学基础》，黎宏译，法律出版社，2005年，第33—34页。

其福利负有其他监管义务之人，与之发生性行为，就构成犯罪（第213条第3款）。德国刑法第174条规定，与被保护人发生性行为构成犯罪，"……滥用基于抚养、教育、监护、雇佣或工作关系形成的依赖地位与未满18岁的人发生性行为；或者与自己的未满18岁的亲生子女或养子女发生性行为……处五年以下自由刑或罚金"。根据该国刑法第176条对法定性侵犯的规定，性同意年龄为14岁。

2020年4月，媒体曝光某上市公司高管持续性侵14岁养女的消息，引发舆论强烈关注。

我国刑法规定了强奸罪，其基本刑是三年以上十年以下有期徒刑，如果情节恶劣的，则可以处十年以上有期徒刑、无期徒刑甚至死刑。

虽然当时刑法中只规定了不满14岁的幼女没有性同意能力，无论幼女是否同意，与其发生性关系都构成强奸，对于14岁以上不满18岁的未成年人，性同意能力是否受限刑法语焉不详，但是《关于依法惩治性侵未成年人犯罪的意见》则明确指出："对已满14周岁的未成年女性负有特殊职责的人员，利用其优势地位或者被害人孤立无援的境地，迫使未成年被害人就范，而与其发生性关系的，以强奸罪定罪处罚。"该意见也明确了负有特殊职责人员的范围，也即对未成年人负有监护、教育、训练、救助、看护、医疗等特殊职责的人员。

但是，司法意见毕竟不是法律，其威慑力有限，而且司法意见认为特殊职责人员与未成年人发生性行为构成强奸罪仍然限定为"利用其优势地位或者被害人孤立无援的境地，迫使"就范。也就是说必须在被害人不同意的情况下，性行为才构成犯罪。因此，很容易被人钻法律漏洞。

因此，《刑法修正案（十一）》增设了负有照护职责人员性侵罪，对已满 14 周岁不满 16 周岁的未成年女性负有监护、收养、看护、教育、医疗等特殊职责的人员，与该未成年女性发生性关系的，处三年以下有期徒刑；情节恶劣的，处三年以上十年以下有期徒刑。

当双方存在特定关系，未成年人对特殊职责人员有关性的同意在法律中应视为无效，只要与未成年人发生性关系，特殊职责人员就应该以强奸罪论处。滥用信任地位型强奸的立法是为了防止行为人滥用优势地位剥削弱者的性利益，但如果被害人是正常的成年人，法律则没有必要对其自由进行过多的干涉。因此，世界各国通常都把此类犯罪行为的被害人限定为未成年人，当然这里的未成年人并不限于普通的未达性同意年龄的人，它要高于一般的同意年龄。一如我国，普通的性同意年龄是 14 岁，但是这类性侵犯罪，同意年龄则为 16 岁。

自由不能成为放纵私欲的借口，也不能成为强者剥削弱者的说辞，否则人与兽就没有区别。人是目的，不是纯粹的手段，在任何时候，避免人的物化，重申对人的尊重，都是法律要极力倡导的价值。

转化为破坏家庭法益的犯罪

家庭是社会的基本，是社会正常运转的基础，严重侵犯家庭利益的性行为也应受到刑法的规制，这也为性风俗所认可。这种犯罪主要表现在：

第一，重婚罪。

大多数国家和地区都确立了一夫一妻制度，重婚行为是对这种婚姻制度的公然挑战。另外，重婚者组建了新的家庭，它会导致原有家庭财产利益的丧失。重婚者的时间和金钱在两个或两个以上的家庭不停游走，这不利于对后代的抚养。如果允许重婚，原有的家庭会在事实上被抛弃[1]。

值得注意的是，大多数地方并没有将通奸行为规定为犯罪，虽然这种行为也违背了性风俗。这主要是因为通奸一般是私下发生的，没有公然挑战一夫一妻制度。通奸者没有抛弃家庭，通过道德自省，有可能幡然悔悟，因此它对婚姻家庭利益的侵害并不严重。其次，通奸只是婚姻破裂的一种征兆，并非它的原因。用极端的刑法手段来保护婚姻关系，也许是对婚姻的致命打击。在现代社会，感情才是婚姻存续的正当理由，如果感情确已破裂，那么婚姻也就没有继续维系的必要。现代的婚姻法大多对离婚实施无过错原则，只要感情破裂就可以离婚，即便存在过错的通奸者也可主张离婚。如果将通奸视为犯罪，用刑法来维系没有感情

1　The American Law Institute. *The Model Penal Code and Commentaries* (Part II Definition of Specific Crimes §§ 220.1 to 230.5[M],Philadelphia:PA,377.

的婚姻，这与婚姻法的离婚原则也是背离的。

第二，乱伦罪。

性风俗严格禁止乱伦，因为它可能导致人类血缘的混乱，影响人类繁衍。在高等的灵长目动物如大猩猩、黑猩猩群体中，都存在类似的乱伦禁止。然而，人类社会中存在一些法律上拟制的亲属关系，比如养父母与养子女，双方并不存在血缘关系。加上现代社会避孕、终止妊娠等技术的发展，传统的血缘紊乱问题也可以得到避免。在此背景下，如果以血缘紊乱为由禁止乱伦，理由并不充分。

然而，乱伦行为却可能导致家庭关系的破裂。人类学家和社会学家普遍认为，社会对乱伦的禁止是为了维护核心家庭的稳定性。所谓核心家庭是一男一女在固定的性关系下生育子女，并对子女负有照顾义务，它是人类社会的基本单元。但是，乱伦行为却破坏了这种核心家庭的稳定性。首先，它会导致家庭内部的性竞争和性嫉妒，从而导致家庭的瓦解。其次，它会导致家庭中的成年成员对家庭责任的丧失，不利于对未成年子女的抚养。最后，它也不利于子女长大成人，组建新的核心家庭。[1]

基于上述原因，不少国家在性刑法的改革过程中，都把乱伦行为视为一种侵犯婚姻家庭利益的犯罪。比如美国《模范刑法典》第 230 条规定了妨碍家庭利益的犯罪，第一款为重婚罪、多偶罪，第二款则为乱伦罪。另外，许多地方对乱伦罪的规定，其行为人

1　The American Law Institute. *The Model Penal Code and Commentaries* (Part II Definition of Specific Crimes § § 220.1 to 230.5)[M],Philadelphia:PA,406.

也不限于血亲关系，养父母与养子女之间也可构成乱伦。比如美国《模范刑法典》第230条第2款除了将存在血缘关系的近亲属间的乱伦行为规定为犯罪，还认为基于收养关系而形成的父母子女之间也可构成乱伦罪。英国2003年《性犯罪法》第64、65条规定的乱伦罪，最初仅限于有血缘关系的近亲属，但2008年的《刑事司法与移民法》(Criminal Justice and Immigration Act, 2008)对上述法律进行了修改，将养父母和养子女之间的性行为也以乱伦罪论处。

将收养关系纳入乱伦罪中，这清楚地揭示了法律对乱伦的禁止除了避免人类血缘紊乱之外，更为重要的是为了保障核心家庭的稳定性，因为基于收养而形成家庭关系与自然的家庭关系在法律关系、情感联系、社会功能等方面并无二致。

需要说明的是，性风俗对于乱伦的禁止并不限于血亲和收养关系，姻亲关系、继父母子女等关系之间的性行为也为性风俗所禁止，但这种乱伦行为一般很少以乱伦罪论处，这正是法益保护原则的体现。姻亲关系、继父母子女关系不同于血亲关系，它是一种法律拟制的亲属关系；另外，它们也没有收养关系那么紧密。收养关系是一种拟制的血亲关系，自收养关系成立之日起即发生拟制血亲关系。而姻亲关系既无自然血亲关系，也无拟制血亲关系。至于继父母与继子女之间，只有当双方形成扶养关系才可发生拟制血亲关系，如果不存在扶养关系，也不会发生拟制的血亲关系。有许多发生在姻亲关系和继父母子女亲属关系之间的性行为，并不会紊乱血缘，也不会对核心家庭的稳定造成实质侵害，如继兄妹之间发生关系，又如父母在子女成年之后再婚，继父（母）与继子（女）偶然发生关系[1]，很难说实质性地破坏了家庭法益[2]。因此，如果按照性风俗的要求，将这些行为一律以犯罪论处，并不符合法益保护的原理。

经验事实表明，乱伦行为主要发生在男性与接受扶养的年幼女性之间。有学者对美国1864年到1954年发生的30起乱伦案进行了研究，发现有28起发生在男性被告人与其女儿或继女之间。[3] 在这28起案件中，女方年龄都没有超过22岁。还有18起案件女方的年龄都在16岁以下。另外的研究也表明，继父与继女之间发生的乱伦行为，比率要远高于自然的亲属关系之间发生的犯罪。[4] 因此，有相当多的乱伦行为可以视为剥削未成年人性利益的犯罪。

为了将性风俗转化为实际的法益，许多地方的性刑法除了将具有血亲关系和具有收养关系的拟制血亲之间的性行为规定为乱伦罪外，还将其他乱伦行为规定为一种滥用信任地位的犯罪。因此，如果乱伦行为发生在具有信任地位的成年人与未成年人之间，则无需以乱伦罪论处，而可直接认定为滥用信任地位的犯罪。英国2003年的《性犯罪法》对"乱伦行为"就不再使用具有风化

---

1 这类行为其实是一种通奸行为，它对家庭的稳定并未造成实质性侵犯，对于此类行为之所以不宜犯罪化，具体参见上文有关通奸的论述。

2 当然，如果形成扶养关系的继父母与继子女之间发生乱伦行为是应该受到刑法惩罚的。

3 还有两起案件发生在被告人和其岳母以及被告人和其姨母之间。

4 The American Law Institute. *The Model Penal Code and Commentaries* (Part II Definition of Specific Crimes § § 220.1 to 230.5)[M],Philadelphia:PA,407.

含义的乱伦（Incest）一词，而规定为与成年亲属发生性行为罪（Sex with an adult relative）。同时，该法除了在第 16 条到 24 条中详细规定了滥用信任地位的犯罪，被害人的年龄标准是不满 18 周岁的未成年人[1]，还在第 25 条到 29 条特别规定了对家庭中未成年人（不满 18 周岁）的性犯罪（Familial child sex offences），相较于普通滥用信任地位罪的最高五年有期徒刑，与成年亲属发生性行为罪的最高两年有期徒刑，这种特别犯罪的最高刑可达十四年有期徒刑。

转化为侵犯公共利益的犯罪

一般说来，性行为属于私人事务，与个人以外的多数人利益无关，但如果性进入公共领域，则可能侵害具体的公共利益。

许多国家和地区都有对露阴、公然发生性行为的处罚规定。以法益理论审视，此类犯罪侵害了具体的法益。首先，它违反了"不想看、不想听的人"的意志，无论是暴露性器侵扰他人，还是在公共场所发生性行为，这种有碍观瞻的行为都是一种视觉强制和听觉强制，是对"不想看、不想听之人自由"的侵害。其次，它对未成年人有腐蚀作用，妨碍了未成年人的健康成长。

除了上述犯罪，许多地方的性刑法还规定了兽奸行为，这可以解释为是一种侵犯动物福利的犯罪，因为在这些地方虐待动物

1　该法规定的一般性同意年龄为16周岁，即明知对方不满16周岁，而与之发生性行为，一律以犯罪论处。

本身也是一种犯罪。

我国刑法没有规定乱伦罪，似嫌惩罚不足。随着负有照护职责人员性侵罪的设立，这种现象基本得到缓解，如果乱伦行为属于对信任地位的滥用，完全可以此罪论处。但是露阴、公然发生性行为是否应该规定为犯罪，仍然是一个值得研究的问题。

另外，《刑法》第三百零一条规定了聚众淫乱罪——"聚众进行淫乱活动的，对首要分子或者多次参加的，处五年以下有期徒刑、拘役或者管制"；引诱未成年人聚众淫乱罪——"引诱未成年人参加聚众淫乱活动的，依照前款的规定从重处罚"。引诱未成年人聚众淫乱罪侵犯了未成年人的利益，该罪的设立符合法益保护原理，但是聚众淫乱罪却有惩罚过度之虞。

我国刑法中的聚众淫乱罪缺乏"公开性"这一必要的空间约束，这不符合法益保护的原则。

道德风俗如果不能转化为实质的法益是不能由刑法保护的。没有暴露于公众视野下的聚众淫乱（如换妻），就如通奸行为一样，没有公然挑战一夫一妻制度，很难对其有实质侵犯。事实上，有些从事"换妻"行为之人，其目的就是为了挽救感情日益淡漠的婚姻，并不存在挑战婚姻制度之意，在某种意义上，它比通奸行为的危害性要低。更为重要的是，婚姻的基础是爱情，用刑法来强迫人们接受没有爱情的婚姻，这不仅与婚姻法所规定的"无过错离婚"原则相悖，也是对婚姻制度本身的亵渎。维系对配偶的忠诚义务，主要靠个体的道德自律，如果仅是因为联想到社会上存在"换妻"行为，就有可能动摇婚姻，这种婚姻也太过脆弱。至于公众对性的感情，这种表述太过模糊。何谓公众？如果它只是社会多数人的代称，那么公众对性的感情就是性风俗的另外一种表述，在多数人看来，通奸、同性恋都会伤害性的感情，那岂非都要规定为犯罪？

在笔者看来，聚众淫乱罪所侵害的法益是对他人的视觉和听觉强制，强迫"不想看、不想听的人"的自由，同时也腐蚀了未成年人。因此，只有这种行为公开发生才可能侵犯法益。所谓"公开"，应该理解为行为人意欲使一般人听到或看到其聚众淫乱行为。在网络上发布广告，寻觅"换妻同道"，这只是一种思想流露，并未将性行为暴露于公众视野，不可能对法益造成实际侵害。如果因为社会中有人表露了"换妻"意图，就会动摇"婚姻制度""侵害公众对性的感情"，那么这种婚姻制度、性的感情也太过脆弱不堪。

性刑法从对风俗保护走向法益保护，这经历了一个漫长的过程。

性从本质上说是一种私人行为，公共权力尤其是刑法的介入应该格外慎重。当权力假借道德名义渐次撩开私生活的帷帐，公民的自由迟早有一天会丧失殆尽。

（原载《暨南学报》2012 年第 1 期）

当我们谈论恶劣的时候，我们在谈论什么？

2019 年 7 月，某上市公司王董事长涉嫌猥亵 9 岁女童，被采取强制措施的报道引发了全民关注。女童验伤发现阴道有撕裂伤，构成轻伤。涉案人员王董事长 57 岁，是富甲一方的企业家，还曾获得过全国劳动模范、中华慈善突出贡献人物等荣誉。

2020 年 6 月，一审判决王董事长有期徒刑五年，这个判决引发了民众的广泛讨论，相当多的民众认为判决过轻。这里涉及的一个重要法律问题在于当时猥亵儿童罪的加重条款不够明确。

按照刑法规定，猥亵儿童罪的基本刑是五年以下有期徒刑，换言之，在基本刑的范围内，五年已经是最高刑期。不过，法律同时规定，如果聚众或者在公共场所当众猥亵儿童，或者有其他恶劣情节的，处五年以上有期徒刑。但是，对于这个模糊性的条款，并无相关司法解释提供明确性的指导，司法实践对此情节的认定并无一致意见。

有人对当时法律的规定提出了强烈的批评，认为法律是有意在保护性侵犯罪犯，还有人搬出了之前的嫖宿幼女罪的立法，以此佐证法律根本就是试图在保护有权有势的嫖客。

应该说来，这种指责是非常不合适的。

在有关嫖宿幼女罪的立法合理性争论中，许多人认为该罪之规定是恶法，应当废止。不少人认为，嫖宿幼女罪的刑罚低于强奸罪，因此给强奸幼女的行为开了"法律天窗"，从而使犯罪者很容易利用这个漏洞为自己"漂白"，最终逍遥法外。

在这种鼎沸的民意之下，2015年通过的《刑法修正案（九）》将嫖宿幼女罪废除，嫖宿幼女行为一律以强奸罪从重处罚。但其实，民众对法律存在误解。刑法规定，奸淫幼女的，以强奸罪从重处罚。不满14周岁的女性没有性同意能力，与之发生性行为，就构成强奸罪，应当在三年以上十年以下有期徒刑的幅度内从重处罚。如果有特殊情节，比如奸淫幼女情节恶劣的，奸淫幼女多人的，在公共场所当众奸淫幼女、轮奸、奸淫幼女致被害人重伤、死亡或造成其他严重后果的，则应处十年以上有期徒刑、无期徒刑甚至死刑。

而原刑法规定的嫖宿幼女罪是一种特殊的奸淫幼女型的强奸罪，它的刑罚幅度是五年以上十五年以下有期徒刑，较之强奸罪的基本刑（三年以上十年以下有期徒刑），处罚其实更重。

嫖宿幼女罪与奸淫幼女型的强奸罪侵害的对象都是不满14周岁的幼女，但其区别在于：前者女方从事性服务行业，她对性行为表面上是"同意"的；而后者女方并未从事特殊行业，无论她"同意"还是"拒绝"性行为，都不影响强奸罪的成立。如果男方强迫卖淫幼女发生关系，这应以强奸罪而非嫖宿幼女罪论处。

旧刑法中的嫖宿幼女罪之法定刑明显高于强奸罪的基本刑，

因此对"嫖宿"一直采取的都是限制解释，只有当幼女处于特定的性交易场所，属于人们通常所说的"雏妓"，才是"嫖宿"，偶尔的性交易不是"嫖宿"。

强奸罪的处刑明显轻于嫖宿幼女罪，这可能是民众所没有想象到的。有人认为嫖宿幼女罪的存在可能会出现法律漏洞，如可能成为性侵者的免死金牌，因为强奸罪存在可判死刑的情节，但嫖宿幼女罪的最高刑却仅为无期徒刑。这种担忧其实是多余的。嫖宿幼女是特殊的强奸罪，如果在嫖宿幼女过程中，出现了强奸罪的加重情节，比如嫖宿幼女多人，轮流嫖宿幼女，当然可以加重型强奸罪论处的，处十年以上有期徒刑、无期徒刑，甚至死刑。

事实上，嫖宿幼女罪除了对被害人的污名化，它最大的问题是与强奸罪出现了结构上无法调和的矛盾。嫖宿幼女是一种平和型犯罪，幼女表面是"同意"的。设若嫖客采取暴力手段强奸卖淫幼女，由于女方没有"同意"，此行为只能认定为强奸罪，法定刑为三到十年有期徒刑。但如果嫖客在卖淫幼女同意的情况下"你情我愿"发生关系，事后还给予高额嫖资，由于女方是"同意"的，此行为反而会被认定为更重的嫖宿幼女罪，可处五到十五年有期徒刑。如果嫖客知法懂法，他会如何选择呢？给钱判更重，强迫判更轻，那干脆强来，何必花钱"买刑"？所以，从这个角度来说，取消嫖宿幼女罪，将所有嫖宿幼女的行为都直接认定为强奸罪，有一定的合理之处。这样也可以避免公众产生对法律的误解，导致法律的信任危机。

至于有人认为嫖宿幼女罪可能造成嫖客以不知道对方是幼女

为名来脱责，这其实也是对法律的误解。强奸罪是故意犯罪，根据罪过理论，无论是奸淫幼女还是之前的嫖宿幼女，要求行为人对幼女年龄存在明知，这都是罪过理论的必然推导。不知者无罪是一个基本的法律常识。

但是，明知既包括自认明知，也包括推定明知。在奸淫幼女、猥亵儿童之类的案件中，行为人最经常的辩护理由就是不知道对方年龄，但是这种辩解要根据人类的经验来进行判断。《关于依法惩治性侵害未成年人犯罪的意见》就根据一般人的生活经验对于年龄认识错误进行了细化。

首先，对于不满12周岁的被害人实施奸淫等性侵害行为的，应当认定行为人"明知"对方是幼女。也即无论是奸淫还是猥亵不满12周岁的幼女，一律推定存在明知。

其次，对于已满12周岁不满14周岁的被害人，从其身体发育状况、言谈举止、衣着特征、生活作息规律等观察可能是幼女而实施奸淫等性侵害行为的，应当认定行为人"明知"对方是幼女。如某甲（23岁）在公园里见到一戴红领巾的女生某乙（13岁半，164厘米），即上前调戏，并将乙骗到偏僻处，以交朋友为名奸淫了乙。在审理时，甲辩解说，乙长得高，不知是幼女，而且发生两性关系时没有采取暴力，不应以奸淫幼女罪定罪。而法院认为，红领巾是少年儿童佩戴的，这是基本常识，所以不可能没有明知。

因此，认为以前的嫖宿幼女罪的规定是在为有权有势的嫖客脱罪，这种观点明显是不合适的。

但是，嫖宿幼女罪的曾经存在却给了我们一个思路，去理解猥亵儿童罪中的"其他恶劣情节"。嫖宿幼女罪的起点刑是在五年以上，如果一种猥亵儿童的行为和嫖宿具有等价值性，那么也就自然应该处以五年以上有期徒刑。

当时在认定组织卖淫等与卖淫相关的犯罪时，司法机关对于卖淫就采取了扩张解释，所有的进入式性活动都属于卖淫的方式。既然对于卖淫采取扩张解释，那么即便由于观念障碍，无法把所有的进入式性行为解释为奸淫（从而构成强奸罪），那至少可以按照历史解释的方法，将此行为等价为猥亵儿童的"其他恶劣情节"。

既然在2015年嫖宿幼女罪废除之前，采取进入式性行为的嫖宿幼女行为可以处以五年以上有期徒刑，那么没有理由认为采取进入式性行为猥亵儿童的行为不应处以更重的惩罚。因此，将进入式猥亵解释为猥亵儿童罪的"其他恶劣情节"也就合情合理。但是，必须说明的是，当时几乎没有看到类似的判例，原因也在于法条中"其他恶劣情节"的不够明确。

这也是为什么《刑法修正案（十一）》对此进行了明确，规定了"猥亵儿童罪"的四种加重情节。

每一个个案都是为了促进普遍的正义，批评的目的不是解构而是建构。认为法律存在体系性的偏见也许才是一种真正的偏见。法律并不完美，但它依然是在追求公平和正义，只是个别的模糊性条款仍有待清晰。对于性侵儿童的犯罪，采取严厉的刑事政策是合理的。

性侵犯罪中的核心问题，是不同意 [1]

我从 2003 年做博士论文的时候，开始从事"性侵犯罪中的同意问题"这方面的研究，到现在快 20 年了。

当时为什么会选择这个题目呢？因为那段时间社会上出现了一系列跟性侵有关的热点案件，社会公众跟法律界之间产生了巨大的割裂，于是这就让我开始去反思。随着研究的深入，我接触到了女权主义法学的一些观念，这些观念让我感到非常震撼，甚至可以用振聋发聩来形容。

1984 年，女权主义法学家麦金农（Catharine Alice MacKinnon）说过这样一句话："人类社会一切两性之间的性行为全都是强奸。"因为在男女不平等的情况下，女性根本无法给予自主的同意，一切的同意不过是虚与委蛇。

这句话真的太刺耳了，但是刺耳让我开始反思自己对于性侵

1　整理自"一席"讲座演讲稿，部分内容参考《刑法中的同意制度：从性侵犯罪谈起》。

犯罪是否存在偏见。我们每个人都生活在偏见之中，我们有出身的偏见、种族的偏见、地域的偏见、性别的偏见，而法律的一个重要功能，就是在各种偏见中寻找一种平衡之道，在各种对立的利益中寻找出一种合乎中道的恰如其分。

违背意志与不同意

在我国刑法中，性侵犯罪包括很多犯罪，主要有强奸罪、强制猥亵罪、侮辱罪、猥亵儿童罪。性侵犯罪中的核心问题，其实是不同意问题。

但是在我国的司法实践中，长期以来使用的是"违背意志"这个说法。"强奸"是"违背妇女意志与其发生关系"。不难发现，"违背意志"更多地带有心理学的成分，与法律所谈的规范性是不一样的。

多年以前有一个非常经典的案件。一个农妇提着一篮子鸡蛋去感谢大夫，因为大夫治好了她丈夫多年的顽疾。但是大夫一看说："我还缺鸡蛋吗？你如果真的想感谢我，来点实际的好不好？"农妇问："那怎么感谢你？"大夫说："寡人有疾，寡人好色。"农妇说："我也不是随便的人，但是没办法，毕竟你治好了我的丈夫，只此一次，下不为例。"在这个案件中，有没有违背女方的意志呢？我想可能是违背了。但她是同意还是不同意呢？似乎她是同意了。

这就是为什么我认为在刑法中，应该使用更为规范的概念"不同意"，而不要再使用心理学上的概念"违背意志"。在人类生活中，比如性交易案件中，性工作者在接客的时候似乎也是违背意志的，但是在法律中依然认为是同意的。

同意不是一个单纯的事实问题，而是一个价值判断问题。在某种意义上，作为法律人，我们眼中永远只有价值问题，没有纯粹的事实问题，或者说你根本找不到一个没有价值判断的事实问题。

人从什么时候开始？有同学说，从出生时开始。到什么时候结束？到死亡时结束。那什么又叫出生呢？有很多种学说，有阵痛说，有脱离母体说，有全部露出说，有部分露出说，不同的学说得出的结论不一样。人的结束、死亡同样有价值判断，有心脏停止跳动说，有脑死亡说。

所有的法律概念都存在价值判断，同意也一样，它要承载体现法律所倡导的公平和正义。

最大限度反抗标准

在世界范围内，关于不同意的标准大致有四种立场。第一种立场是人类最古老的一种立场，叫"最大限度反抗标准"。

2016 年，新泽西州最高法院有一个法官因为言语不当，最后被撤职。当时他对当事人是这么说的："你怎么可能被强奸呢？夹紧腿就不会被强奸。"我们会发现，这样的偏见存在于很多人的内心深处，很多人都觉得如果你极力地反抗，怎么可能被强奸呢？所以无论中外，最大限度反抗标准在很长一段时间都是一种主流立场。

在很长一段时间，女性并没有独立的人格地位，她只是丈夫或者父亲的一种财产，贞操被认为是高于生命权的。在这种背景下，女性为了表明她的不同意，必须进行最大限度的反抗。这种最大限度的反抗可能是身体上的极力阻挡，或者是衣服上的撕裂。如果没有进行这种最大限度的反抗，在法律中就要被认为是同意。

不过在很长一段时间，法律中是存在通奸罪的，最高刑是死刑。通奸是男女同罪的，而强奸只有男性构成犯罪，在当时的背景下，司法人员非常害怕本来是通奸的女性，为了让自己不承担责任，而把罪责往男性身上推。

所以在普通法系有着黑尔爵士的著名警告："强奸是一种很容易被指控，但很难被证明，被告也很难抗辩的案件。"这句话的本土化表达，就是大家非常熟悉的"自古奸出妇人口"。

1906年，美国威斯康星州有一个著名的布朗案（Brown v. State）。16岁的小姑娘在去祖母家的路上，被20岁的邻居布朗绊倒在地，布朗强压在她身上，用手捂住她。她拼命大叫，拼命想爬起来，最后还是被性侵。法官受理案件后，认为小姑娘根本没有表达出自己的不同意，因为她没有进行最大限度的身体反抗，因此认为被告是无罪的。

但是随着女性地位的提高，也随着通奸罪的废除，强奸罪不再被认为是一种侵犯风俗的犯罪，而被认为是一种侵犯女性性自治权的犯罪，于是"最大限度反抗标准"开始过渡到"合理反抗标准"。

合理反抗标准

"合理反抗标准"不再要求女性进行最大限度的身体反抗，她只要进行合理的反抗就可以表示不同意。

经典案件是 1979 年美国纽约州的电梯强奸案（People v. Dorsey），被害人 49 岁，身高 1 米 52，下午 6 点下班的时候回到自己所住的公寓。在电梯间她碰到了被告道舍，15 岁，身高 1 米 7 多，重 90 公斤。两人身体力量的差距是显而易见的。

道舍控制电梯停在了楼层的夹层，然后让这位女性把衣服脱了。她当时呆了一下，然后道舍呵斥"脱衣服"，她就把衣服脱了，全程没有反抗，道舍也没有使用身体上的暴力威胁。唯一的威胁是事成之后，道舍对女方说："你别报警，如果报警，小心我的兄弟来修理你。"

法官在这个案件的审理过程中就觉得，双方体形相差悬殊，而且在电梯这样密闭的空间，女方是孤立无援的，所以女方没有反抗是合理的，这就是所谓的合理反抗标准。

但什么是合理呢？合理反抗是用男性的标准来要求女性，还是用女性的标准来要求女性呢？哭泣和拒绝是不是一种合理反抗呢？男女是平等的，但是男女在生理、心理上可能又有不同。

随着女权主义法学的突飞猛进，在很多女权主义者看来，强奸罪这个罪名本身就是对男尊女卑文化的一种认可，它认可了男性在性行为中的积极主动和女性的消极被动，觉得这是一种偏见。无论是中文"强奸罪"还是英文"Rape"，他们都认为这个罪预设了女性是被害人。所以女权主义者们主张一种性别中立主义的立法，把"强奸罪"修改为没有性别特点的"性侵犯罪""性攻击罪"，以及"犯罪性性行为罪"。

表面上大家会发现，这确实是为了尊重女性的权益，但是如果完全采取性别中立主义立法的话，那我们也就可以对男性和女性采取同样的标准，它导致的后果可能不一定是对女性有利的。

我国也采取了性别中立主义立法的某些成果，一个突出的体现就是 2015 年《刑法修正案（九）》，把"强制猥亵、侮辱妇女罪"修改成"强制猥亵、侮辱罪"，也就是男性也可以是侮辱的对象。

强制猥亵、侮辱妇女罪	是指违背妇女的意愿，以暴力、胁迫或者其他方法强制猥亵妇女或者侮辱妇女的行为。

2015年《刑法修正案（九）》

强制猥亵、侮辱罪	以暴力、胁迫或者其他方法强制猥亵他人或者侮辱妇女的，处五年以下有期徒刑或者拘役。

但是如果你仔细去读法条，会发现有一个不一样的地方，因为法条文的表达是强制猥亵他人，"他"既包括男的又包括女的，但是侮辱的背后依然是妇女，也就是说猥亵的对象可以是男的也可以是女的，但是侮辱的对象依然是女性，而不能是男性。

比如张三跟女生吵架，把她上衣扯了下来，构成强制侮辱。但是张三和男生吵架，把他上衣扯下来，就不构成强制侮辱。

我想说的是，性别中立主义立法，在很大程度上只具有一种符号作用，因为即便采取性别中立主义立法的美国，统计数据显示，性侵犯罪的被害人九成以上，甚至 99% 都是女性。所以性侵犯罪是一类非常独特的犯罪，它是人类中的一性对另一性的欺凌。

因此，我们在理解不同意问题的时候，一定要开启女性视野，法律不能用男性的标准来要求女性。虽然男女有别，但是合理的区别对待，也是法律正义的一种表达。

不等于不标准

时代推动不同意的标准进化出第三种类型，叫"不等于不标准"，就是"No Means No"，说"不"就意味着不同意。

1992年，美国发生了一件非常令人震惊的案件。威尔森是一位25岁的女艺术家，有一天晚上被告瓦尔德破门而入，欲行不轨，这个女孩子就逃到了浴室。瓦尔德把浴室的门给砸了，对威尔森实施了性侵。在性侵之前威尔森对瓦尔德说："你能不能够戴上安全套？"男的同意了。审理案件的法官认为，因为威尔森让瓦尔德戴上安全套，这就表明她对性行为是同意的，所以最终认为男方无罪。

这个案件震惊了世界，很多男性可能内心深处都认为女方说"不"，只是一种象征性反抗，女方说"不"，只是半推半就。但是女权主义者认为，这样一种偏见是否合理呢？如果一个人已经明确说了"不"，你为什么不能尊重她语言的表达呢？

所以法律慢慢地开始革新，人们开始认为，即便一个男性真诚地认为，"不等于是"，法律也要抛弃这种花花公子式的哲学。你必须要为你的偏见付出代价，说"不"就意味着"不"，"No Means No"。

这种观点在1991年的拳王泰森强奸华盛顿案中得到体现。有一次，泰森给选美比赛当评委，最后评出的选美小姐是18岁的德斯雷·华盛顿。选美比赛结束之后，泰森就邀请华盛顿共进晚餐，双方吃了一顿豪华大餐，然后在泰森的豪车上兜风，在车里泰森跟华盛顿有过亲吻行为。凌晨，到了泰森下榻的酒店，泰森邀请华盛顿到房间坐会儿。华盛顿同意了，双方坐一起看了很久的电视。过一会儿，华盛顿去洗手间，出来的时候泰森脱光了衣服，强行和华盛顿发生关系。

自始至终泰森并没有强烈的身体暴力，女方也没有明显的身体反抗。但是证词显示女方有语言上的拒绝，泰森无视华盛顿的哀求，和华盛顿发生了性行为。事发之后女方立即到医院去做检查，并在三天之内向警察报案，控诉泰森性侵。

泰森申辩道，华盛顿和他吃饭，坐他的车，和他亲吻，凌晨还进房间一起看电视，这不就是同意吗？但最后法官认为，女方已经明显在语言上说了"不"，根据不等于不标准，女性的语言应该受到尊重，因为她是一个理性的人，当她说了"不"，你的行为就过界了，你就应该停止。

即便你真诚地认为说"不"意味着"是"，这也只是一种偏见。语言或哭泣这些消极反抗，应该被视为一种合理的反抗，这是不等于不标准。

肯定性同意标准

现在又出现了一种更为新颖的标准，叫"肯定性同意标准"。如果说"不等于不标准"是"No Means No"，那"肯定性同意标准"就是"Yes Means Yes"，只有表达肯定性的同意才能在法律上被视为同意，而沉默则要被视为一种拒绝的意思表示。

"肯定性同意标准"比"不等于不标准"的打击面要更宽一些。我曾经碰到过一个案件，有一个职业培训学校的学生学习压力很大，一男一女就谈恋爱了，用恋爱来对抗枯燥的学习。谈了一个月之后，女生发现不能再谈下去了，再谈下去肯定考不过，所以决定分手。双方跟平常一样约会、吃饭、看电影。结束时，女生对男生说："我们分手吧，好好学习考完试，有缘再谈。"

男生一下都蒙了，一宿没睡，第二天天还没有亮，就开车去女生宿舍，把女生叫了下来，一把拽到车里，然后开到一个偏僻的地方。那时候是夏天，男生只穿了一条短裤，他把裤头一扯，然后把女生的裙子也扯下来了。女生一个耳光打过去，骂他臭流氓。男生被打醒了，给女生跪下，说对不起，不停道歉。

问题是，男生构成犯罪吗？这个案件的关键，就是在区分"犯罪中止"和"求欢未成"两组概念。

如果我们采取肯定性同意标准，只有女方说"是"才表达同意，而沉默要被视为一种拒绝的意思。那么在这个案件里，男方的性质就是在强奸的过程中、在犯罪的过程中自愿放弃，属于犯罪中止。

虽然法律规定，犯罪中止应当减轻或免除处罚，但是在档案上他依然要被记载是犯罪分子，是受过刑事处罚的人，不可能再从事很多职业。男生最后被判处有期徒刑两年，也就没有必要再参加职业考试了。事实上，女生最后也没参加考试，她当时只是想吓吓他，也不想让他真去坐牢的。

假如我们采取不等于不标准，只有女方说了"不"才表达她的不同意，在没有说"不"之前，只是一种人类的交往活动，那么这个案件就是求欢未成，可能属于交往不当的行为，但是没有上升到犯罪领域。

所以，采取肯定性同意标准，是不是有一点打击过度呢？张三和李四谈恋爱，然后张三趁李四不注意"啪"亲了一口，按照肯定性同意标准就属于强制猥亵，女方都没有表达肯定性的同意，你居然亲她！

肯定性同意标准当然有合理的成分，但它更多地指向一种道德上的自律。从道德的角度来说，你想要亲吻对方是要征求对方同意的，甚至你牵手都要问过对方。但是，刑法只是对人最低的道德要求，所以在认定性侵犯罪的时候，我们主要采取的是不等于不标准。但在迷奸案件中，当女方喝多了，人事不省，她根本不可能说"不"了，在这种情况下是可以采取肯定性同意标准的。

新的合理反抗标准

人类事务真是太复杂了，我们很难用一个标准解决所有问题，很多时候是多个标准纠缠在一起。我认为我们可以把"不等于不标准"和"肯定性同意标准"合二为一，我把它称之为"新的合理反抗标准"。

我国的司法解释规定，在判断女方不同意时，主要依据反抗，判断男方是否采取了暴力威胁或其他方法，使得女方不能反抗、不知反抗和不敢反抗。而这里的不能、不知和不敢，其实我觉得也就是新的合理反抗标准。

总之，在理解不同意问题的时候，我们一定不要开启男性视野。因为强奸罪绝大多数的被害人都是女性，所以一定要从女性的角度去思考什么叫做"不同意"。

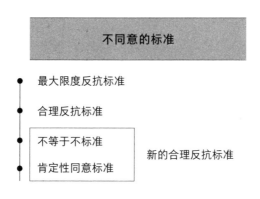

性同意年龄

性同意还有一个相关的问题就是同意年龄。"同意"跟理性能力是有关的，如果你根本没有理性的能力，你也谈不上同意。这就是为什么和小朋友或精神病人发生性行为肯定是构成强奸的，因为他没有同意的能力。

在关于性同意年龄的问题上，存在两种针锋相对的哲学立场：一种是自由主义，一种是家长主义。自由主义认为应该降低同意年龄，甚至没有必要设同意年龄，因为设定同意年龄其实就限制了幼女的性自由，就没有人敢和她发生关系了。

与此相对的立场是家长主义。家长主义认为很多时候法律要像家长一样，对个人自由进行必要的约束，这种约束是为了你好，如果自由不受限制，一定会导致强者对弱者的剥削。

我们知道，人的生理与心理发展有可能是不同步的，一个人可能身体发育成熟，但是在心理上完全还是懵懂无知。尤其是当下，身体发育早于心理发育的这部分孩子，最容易成为年长男性剥削的对象。所以，世界各国的一个普遍的做法是提高性同意年龄，避免幼女、少女成为男性剥削的对象。

但是同意年龄应该如何设置呢？世界范围内关于同意年龄有两种立场：一种是单一年龄制度，只设一个年龄；还有一种是复合年龄制度，设置多个年龄。

我国过去在立法上采取的是单一年龄制度——14岁。跟不满14岁的女孩发生关系，构成强奸罪；如果是男孩，构成猥亵儿童罪。现在很多国家开始采取复合年龄制度，普通法系一般都是复合年龄制度，它通常分为两个年龄，年幼的未成年人和相对年长的未成年人。

比如美国的《模范刑法典》就规定了两个年龄，一个是10岁，一个是16岁。跟不满10岁的小孩发生关系是二级重罪，而跟10到16岁的孩子发生关系是三级重罪，二级重罪的刑罚要远远重于三级重罪。另外一个重要的区别是，跟不满10岁的孩子发生性关系，是无法以年龄认识错误作为辩护理由的，人人都能辨认出10岁以下的孩童特征，但是10至16岁的区间就允许年龄上的辩护理由，"我确实不知道她不满16岁"这种辩护理由是可以提出的。

除此之外，还有第二种分类，区分为普通的年龄和具有信任关系的年龄。还是以美国《模范刑法典》为例，除了10岁和16岁，居然还规定了一个很高的年龄是21岁。《模范刑法典》认为

16 岁至 21 岁区间的女性，如果她和具有信任地位的男性发生关系，比如说老师和学生，监护人和被监护人，这时的同意是无效的，因为男方滥用了他的影响力，滥用了他的信任地位，因此同意无效。所以在美国，师生恋是构成强奸罪的。

我国虽然之前采取的是单一年龄，但是有许许多多的个案对法律都起到了潜移默化的调整作用。

2013 年，我们通过了《关于依法惩治性侵害未成年人犯罪的意见》，第十九条规定："知道或者应当知道对方是不满 14 周岁的幼女，而实施奸淫等性侵害行为的，应当认定行为人'明知'对方是幼女。对于不满 12 周岁的被害人实施奸淫等性侵害行为的，应当认定行为人'明知'对方是幼女。对于已满 12 周岁不满 14 周岁的被害人，从其身体发育状况、言谈举止、衣着特征、生活作息规律等观察可能是幼女，而实施奸淫等性侵害行为的，应当认定行为人'明知'对方是幼女。"

这个司法意见明显是对复合年龄制度的一种借鉴。结合 2021 年正式实施的《刑法修正案（十一）》，我们就能更加明确性侵犯罪中的四个年龄段：10 岁、12 岁、14 岁、16 岁。

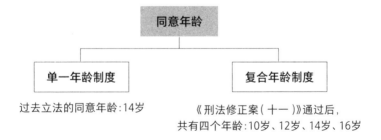

同意年龄

单一年龄制度	复合年龄制度
过去立法的同意年龄:14岁	《刑法修正案（十一）》通过后，共有四个年龄:10岁、12岁、14岁、16岁

法律制度不能是完全形而上学的逻辑推演，我们必须要考虑社会生活丰富的经验。美国大法官霍姆斯（Holmes）说："法律的生命是经验而不是逻辑。"如果司法实践中出现了一些案件，各国的立法经验也有对这些案件的应对之道，我想这种成熟的经验就有必要予以借鉴。

当然法律解决不了所有的社会问题，法律只是对人最低的道德要求，更为重要的是人内心的道德准则。

我们依然需要聆听康德的伟大教导，我们依然要去思考什么是我们所敬畏的，我们是不是依然能够像康德那样，始终对两件事情保持敬畏，一是头顶璀璨的星空，二是心中神圣的道德法则。

无论如何，在解决两性关系的问题上，尊重，而非剥削和利用，才是处理两性关系的破局之道，这是尊重他人，也是尊重自己。

代孕应该合法吗？

诺贝尔文学奖作家莫言的小说《蛙》中，有一个叫陈眉的角色令我印象深刻，她原本是一个长相清秀的女子，但在一次意外火灾中毁了容，最后被人聘为代孕妈妈，为他人提供生育服务，从而引发了一系列的悲情故事。

这个故事涉及了一个极具争议的话题，那就是代孕。仔细研究你会发现，代孕这个议题不仅涉及现行法律，更涉及社会与法律制度应该如何设计的问题。

说到代孕，有一个重要的时代背景，那就是随着科学技术的发展，形成了生育跟性的分离。在 20 世纪性和生殖领域就有过两次重大的革命，第一次是 20 世纪 50 年代出现的口服的避孕药，这种药品能够有效地把生育跟性分离开，可以有性生活，但是不会怀孕。

第二次是在 20 世纪 70 年代末出现 IVF（In vitro fertilization），也就是体外人工受精技术，是利用医疗手段把生育跟性分离开来了。这就使得代孕成为一种可能，夫妻可以只用享受性的快乐，而无需承担生育的责任。代孕者为他人提供子宫进行生育，而不用像填房丫头那样提供性的服务。

所以，你会发现代孕大致可以分为两种：一种是无性代孕，也就是通过医疗技术手段进行受精达到代孕的目的；还有一种是有性代孕，就是在代孕的同时还提供性的服务。

有性代孕很显然是违法的，甚至还可能涉及卖淫、重婚等法律问题。这种情况并不常见，引起社会广泛争议的其实是无性代孕。无性代孕中有一种情况，是无偿的无性代孕，比如你可能看到过这样的新闻，母亲为女儿代孕，这种情况一般法律也是不干预的。所以目前，争议最大的就是商业性的无性代孕。

关于商业性代孕是否应该被允许，法律界各执一词，有人从功利主义出发，认为代孕是可以实现多方共赢的。首先，代孕的妈妈有经济上的需要；同时委托代孕的人，可能有不孕不育的问题，通常需要孩子，所以对此持一种开放的态度。

而且功利主义认为这种代孕的地下市场一定是存在的，与其禁止还不如有条件地放任，因为根本无法彻底禁止。所以在政府管制下，能够有条件地允许，反而能够避免这种地下黑市的扩张，有利于保障代孕妈妈以及孩子的利益。

这种观点乍一听很有道理，但仔细分析你会发现，这种功利主义的论证是不稳定的。代孕虽然可以解决代孕妈妈的经济问题，可以满足委托方对孩子的需求，但是代孕会出现一系列衍生问题。比如"退货"问题、违约问题。如果代孕妈妈怀上的孩子有残疾，委托人不要这个孩子怎么办？这个孩子的利益谁保护？再比如代孕妈妈和孩子产生感情，不愿意把孩子交给委托人，又该如何处理呢？

现实中，真发生过一个经典案例，1985 年的跨国代孕案——Baby Cotton。在美国的一个代孕机构的组织下，英国妇女 Kim Cotton 为一对美国夫妇代孕，约定孩子出生后归美国夫妇，Kim 将得到 6500 英镑的酬劳。可当孩子出生后事情出现了反转，Kim 看着婴儿健康可爱，突然不愿意将孩子交给美国夫妇，因此双方闹上法庭。经过调查，法院认为美国夫妇作为孩子的父母是合适的，最终法官按照最有利于儿童利益的原则，裁定孩子归美国夫妇。[1]

这个案件衍生出来的就是代孕是否是一种纯粹的服务，这种情况如果只进行功利主义的考虑，不考虑其背后的道德价值和妊娠感情是否合适？

比如张三帮别人代孕，最初是出于金钱上的考量，但是怀胎十月让她对孩子产生了感情，而且碰巧她又中了彩票，在经济上已经没有任何的担忧，那么这种情况下，孩子应该给谁呢？怀胎十月她对孩子的感情，是否比孩子生物学上的父母更亲近呢？

再比如张三为他人代孕，张三不仅出租了子宫，还出租了自己的卵子，只是接受了委托人的精子，在这种情况下，张三还同时是孩子生物学上的母亲，那么这个孩子是否要归张三呢？现实情况千差万别，仅仅从功利主义考虑，结论其实很不稳定。

与功利主义相对的道德主义，首先认为人不是商品，人只能是目的，不能是工具。如果允许代孕的话，其实就是把人当成了商品，把子宫当成了工具，把怀孕当成了一种服务性的工具。

1　Diana Brahams, *The Hasty British Ban on Commercial Surrogacy*, The Hastings Center Report Vol. 17, No. 1 (Feb., 1987), pp. 16-19.

在 2015 年央视记者就曾经有过这样的采访，在采访过程中，代孕妈妈完全就像商品一样，接受夫妇的挑选，根据她们的五官、身高、谈吐、学历、家庭、体重等等，决定代孕妈妈能拿到的费用。[1]

这种商业性的代孕，使女性的子宫完全沦为了商品，这完完全全是对人格尊严的一种亵渎。目前大部分国家禁止买卖器官，其根本原因就和代孕类似。当人们对器官买卖市场习以为常，觉得一个人的肾真的跟手机一样只是一个普通商品时，那人的尊严就会彻底丧失。在此基础上建立起来的人权保护制度也会随之崩盘。

当然，道德主义还认为如果允许代孕的话，一定会导致强者对弱者的剥削，比如大部分从事代孕服务的都是经济地位不利的女性。

所以在全球范围内很多国家是禁止代孕行为的，比较典型的国家是德国。德国的民法还明确规定了什么叫做母亲。它说"子女的母亲就是生该子女的女子"，也就是说委托夫妇仅仅是孩子生物学上的双亲，而并不一定属于法律意义上的双亲。

1989 年德国《收养子女居间法》也规定，如果代孕母亲通过使用自己的卵细胞为他人代孕，抑或使用由委托夫妇自身的精子、卵细胞培育出的胚胎为他人代孕，这均是违法行为，被严格禁止。[2]

1990 年，德国也规定了相应的法律全面禁止代孕，明确规定任何机构和医生都不得为意图代孕的父母、为意图代孕的妇女实施人工授精或者体外受精，否则构成刑事犯罪。

1　央视调查：《非法代孕产业链》，央视新闻，2015-01-10。

2　龚赛红：《人体生命科学发展规制中的民法问题》，载渠涛主编：《中日民商法研究》2004 年第 2 卷，法律出版社，2005 年，第 436 页。

我国和德国基本一样，采取的也是禁止主义。2001年国务院有一个专门的规定，叫做《人类辅助生殖技术管理办法》，明确规定无论代孕是否盈利或者血缘归属如何，均不允许实施。《人类辅助生殖技术管理办法》和《人类辅助生殖技术规范》（2004）均明确规定禁止相关医疗机构和技术人员实施代孕。

或许你会有疑问，既然代孕违背了道德主义，那为什么捐赠精子是合法的呢？这主要原因是，这些捐赠行为并没有把卵子或精子商品化，因此并不存在强者对弱者的剥削。而且也没有中介组织对弱者进行二次剥削。同时女性使用自己的卵子怀孕与精子结合生育后代，正恰好是其行使生育自由的体现。

所以也许你会发现规律，那就是位于人体表面上，可再生的细胞或组织，不算作完整人体的一部分。比如买卖毛发、指甲和人体自然排出的材料，不管是具有生殖价值的细胞还是指甲、毛发等废料，都不会有损"人体完整不可侵犯"这个基础价值。

因为这些可再生的细胞或组织，可以类比于人所拥有的个人财产，因此可以自由处置。但是你要注意在非自愿的情况下被其他人破坏、偷盗，依然会违反人的尊严。

张三如果自愿卖掉长发那并不违法，但如果李四趁张三睡着偷偷剪掉了张三的头发出去卖，这就侵犯了张三的人格尊严，性质等同于偷了张三的手机。美国就曾有个怪异的案件，某女为一富商提供按摩服务，结果偷偷保存了该男子的精子，回去自己人工授精生了孩子，后向男方主张对孩子的抚养费。在这种案件中，男方有对孩子的抚养义务吗？

类似的例子可以想一想人工授精，精子的提供者对于生物学意义上的孩子并无抚养义务。但是，这个案件与人工授精不同的是，人工授精采取的是双盲制，但在本案中则是单盲制，男方不知情，但女方是知道的。

法谚有云：任何人不能从错误行为中获利。因此，女方的请求不应该获得法律的支持。

有时我们会发现法律问题太过复杂，但是真正复杂的并不是法律，而是人性。

《人类辅助生殖技术管理办法》第二十二条规定："开展人类辅助生殖技术的医疗机构违反本办法，有下列行为之一的，由省、自治区、直辖市人民政府卫生行政部门给予警告、3万元以下罚款，并给予有关责任人行政处分；构成犯罪的，依法追究刑事责任……"

这里所说的构成犯罪，应该指的是《刑法》第二百二十五条规定的非法经营罪。但是非法经营罪的前提是违反国家规定。而《刑法》第九十六条规定："本法所称违反国家规定，是指违反全国人民代表大会及其常务委员会制定的法律和决定，国务院制定的行政法规、规定的行政措施、发布的决定和命令。"显然，这个管理办法只是部委发布的规章，并没有达到《刑法》第九十六条的标准，管理办法所谓的追究刑事责任并无法律效力。

那么，我们是否应该出台相应的法律或行政法规，明确规定商业性代孕要负刑事责任？这依然是一个需要慎重讨论的问题。[1]

1　关于代孕问题的详细讨论，可以参考张慧敏：《商业代孕的刑法规制》，中国政法大学2019级硕士学位论文。

胎儿有权利吗？

2020 年在江苏省发生过一件真实案例：一名孕妇乘车时遭遇交通事故导致颅脑重伤，为抢救孕妇，医院紧急采取剖宫产娩出婴儿。婴儿出生时有生命体征，但经抢救治疗无效后于次日死亡。婴儿父母将肇事者告上了法庭，要求赔偿因交通事故导致婴儿死亡的各项损失。苏州市某法院审理了此案，支持了诉讼请求。

肇事者是否构成交通肇事罪呢？根据司法解释，一般情况下，如果肇事致一人重伤，除非有无证驾驶、醉驾、毒驾、严重超载、逃逸等情形外，并未达到入罪标准，但如果肇事致一人死亡，只要负事故的主要责任，就可构成犯罪。

所以关键在于判断，肇事者伤害的对象是胎儿、母体，还是婴儿。由于胎儿不属于法律意义上的人，因此对胎儿的伤害只能评价为对母体的伤害，根据《人体重伤鉴定标准》，损伤致早产或者死胎属于对孕妇的重伤。

如果说肇事者伤害的是胎儿，那就不构成交通肇事罪，但这明显抵触人的常情常感，而且很多时候犯罪行为与结果并不需要同时同地发生。

在这个案件中，承办法官指出，自然人的出生必须具备"出"与"生"两个要件，"出"是指胎儿与母体分离而成为独立体，"生"是指胎儿与母体分离后须保持生命体征。"本案中，因交通事故而被强行剖宫产娩出的婴儿具备上述特征，且婴儿死亡与交通事故存在直接因果关系。"因此，对于机动车间发生交通事故造成人身伤亡，肇事者应当承担相应的法律责任。[1]

除了婴儿的民事权利能力，这类案件折射出更深层的法律问题是，胎儿是否享有基本的生命权？围绕这一观点的不同立场，世界各国甚至同一国家的不同地区，对"堕胎"行为都有不同的法律规定。

早在古希腊，医学之父希波克拉底在《希波克拉底誓言》中就禁止医生为妇人实施堕胎。思想家亚里士多德也明确谴责将堕胎作为一种生育控制的技术。主要原因是，人们认为一旦胎儿产生了意识，那他就是一个生命，堕胎就是杀人，就是应该被严格禁止的。

20 世纪以来，随着女性地位的崛起，关于堕胎问题，赞同者与反对者各执一词。赞同者认为堕胎是女性的个人生育选择权，而反对者则认为胎儿的生命比选择权更为重要，堕胎是一种剥夺胎儿生命的犯罪。

世界各国的法律在对待堕胎问题上主要有三种模式：禁止主义、限制主义和放任主义。顾名思义，禁止主义就是对一切堕胎行为都予以禁止，只要堕胎就是违法甚至犯罪；与此相对的就是放任

1　柴军虎：《孕妇遇车祸胎儿早产身亡获赔115万》，《现代快报》，2021-03-04。

主义，认为女性有完全的自由去自主决定是否堕胎；而在这两个极端中间的则是限制主义，允许在特定的情况下，女性可以堕胎。

但截至今天，只有少数国家完全禁止堕胎。大部分国家采取限制主义，我国则采取放任主义，只要妇女同意，就可以堕胎。

2020 年有部电影《从不，很少，有时，总是》(*Never Rarely Sometimes Always*)，讲述的是美国宾夕法尼亚州的一个偏僻小镇上，一名少女发现自己意外怀孕，由于该地区对堕胎的严格限制，她只能在表姐的陪伴下前往纽约做手术的经历。

影片上映的前一年，美国俄亥俄州、佐治亚州等地区通过俗称"心跳法案"的《人类生命保护法》(*Human Life Protection Act*)，只要胎儿有心音，堕胎即违法。除了危及母体生命安全外的状况均不能堕胎，无论当事人是否成年，是否遭到性侵，进行堕胎手术的医生都属于一级重罪（将面临 10 年以上，最高 99 年徒刑）。[1]

"心跳法案"通过后，许多人权组织提出法律诉讼，试图阻止法案的执行。之后阿拉巴马州、密西西比州等联邦地区法院宣布"心跳法案"违宪，但反堕胎人士仍在继续上诉，并希望"心跳法案"会让最高法院推翻罗伊诉韦德案（Roe v. Wade）。

这里提到的罗伊诉韦德案，就是 1973 年在美国关于妇女堕胎权的一起标志性案件。在此之前，美国大部分州对于堕胎是严格限制的，只有在女方被强暴、乱伦，或者怀孕危及母体安全等少数情况下，堕胎才是合法的，否则堕胎者及实施堕胎的医生都

1　Lou, Michelle, *Alabama doctors who perform abortions could face up to 99 years in prison -- the same as rapists and murderers*, CNN, 2019-05-15.

构成犯罪。但罗伊诉韦德案件的判决极大地割裂了美国社会。

这起案件的主人公之一化名罗伊。1969年，罗伊第三次怀孕，她想把孩子打掉。但是罗伊当时居住在得克萨斯州，该州法律认为堕胎是犯罪，除非怀孕会危及母体安全。罗伊找到两名律师，他们认为得州的法律违宪，遂向法院起诉代表得州的当地司法长官亨利·韦德。这个案件最终打到了美国联邦最高法院。

美国联邦最高法院的九名大法官最终以7:2的票数裁决罗伊胜诉，认为得州的限制堕胎法案违反了宪法第十四条的正当程序条款。法院认为正当程序条款赋予公民隐私权，怀孕妇女拥有选择是否堕胎的权利是隐私权的体现。但法院依然采取利益平衡的策略，并未主张堕胎的完全放任主义，试图在女性的生育选择权、女性的健康权、胎儿的生命权等诸多利益中寻找平衡。

得克萨斯州当然要为自己的法律提出抗辩，它反驳道：禁止堕胎是完全正当的，因为生命从受孕时开始，为了保护生命，在怀孕的任何阶段都应该禁止堕胎。但最高法院并不认同，认为受精卵并不属于宪法意义上的人，因此也就不享受宪法上有关人的诸种权利。法院无奈地指出胎儿何时成为人无论在医学、哲学和神学上都无一致的意见，所以应该搁置这个问题。[1]

最后法院将怀孕区分为早、中、晚三个阶段，在孕早期的三个月，政府不得对堕胎进行任何干涉，堕胎是妇女可以完全自由选择的；在孕中期的三个月，政府可以以保障母亲的健康为由实施一定的限制，如果终止妊娠可能危及母亲健康，那么堕胎就不

1　Roe v. Wade, 410 U.S. 113 (1973).

能被允许；在孕晚期的三个月，堕胎则被完全禁止，唯一的例外是为了保护母体的健康和生命。

显然，在孕早期主要考虑的是女性的生育选择权；在孕中期，则要考虑母体的健康权，对堕胎进行限制是从家长主义的角度来保护妇女；而在孕晚期，胎儿的生命权则优先于女性的生育选择权，当然如果胎儿的生命和母体的生命发生冲突，还是优先保障母体的健康与生命。

罗伊判决的争议很大，无论在法律界还是民间都有许多的反对声音。每年在做出判决纪念日都会有大量的反对堕胎者在美国最高法院游行。2013 年游行队伍一度高达 65 万多人。值得注意的是，罗伊判决的主人公罗伊 1995 年最后也加入反对者的行列，她非常后悔自己当初启动了这个诉讼。直到 2017 年去世，她都一直都在积极推动撤销罗伊判决的诉讼中。[1]

罗伊后来在美国国会的听证会上说，她对自己导致了堕胎权这个从虚无中产生的权利后悔莫及，她从未想到有人会利用堕胎来作为生育控制的手段，也从未想到过有人会在结婚之后又无经济缺乏的状况居然会选择堕胎。

罗伊案后来有一个小小的修正，就是 1992 年的"计划生育联盟"控告凯西案（Planned Parenthood v. Casey），该案试图挑战宾夕法尼亚州生育控制法的规定，该法规定妇女堕胎需要有 24 小时

1　Liz Farmer and Wire Services, *Norma McCorvey, Jane Roe of Roe vs. Wade decision legalizing abortion, dies outside Houston*, The Dallas Morning News, 2017-02-18.

冷静的等待期，医生要详细告知堕胎的风险。同时堕胎还要告知配偶，如果是未成年人还必须经过家长的同意。原告认为这个法律违反宪法，美国最高法院最终选择了这个案件对罗伊案进行修正。法院最后依然坚持了罗伊判决的思想，但是将罗伊案的三阶段划分标准替换为胎儿的存活性标准（Viability of the fetus）。

法院认为，随着科学技术的发展，23—24 周的胎儿就有存活的希望，这与罗伊案当时的医学认为 28 周才可能存活已经有很大的不同。因此，对于有存活希望的胎儿，除非继续怀孕会导致母体生命和健康遭受危险，那么堕胎就是被禁止的。

法院试图区分堕胎的合理限制与不合理限制的界限，认为对没有存活希望的胎儿进行堕胎的限制不合理，但如果胎儿有存活的希望，那么堕胎就应当被限制。

这个判决更深刻地反映出美国社会对于堕胎的割裂，因为最高法院法官在投票时，仅超一票胜出，勉强通过了这个判决。[1]

上述关于美国判例的介绍并非简单的他史，任何国家面对问题都是相似的，可供选择的方案也都大同小异。那么，法律对于堕胎是否应当有所限制呢？是否应该严格禁止堕胎的广告？医疗机构对于堕胎者是否应该详细告知堕胎的风险？这些都是需要慎重思考的问题。法律永远是一种平衡的艺术，需要综合考虑诸多存在冲突的利益。但无论如何，如果法律对于堕胎没有任何的限制，人们也就不可能对生命有起码的尊重。而离开了对生命的尊重，一切道德秩序都将崩溃。

1　　Planned Parenthood v. Casey, 505 U.S. 833 (1992).

艺术是自由的，但并非无拘无束

2020 年，有一个叫做《校花》的艺术作品引发争议。

创作者宋某拍摄了一组多达 4000 多张的照片，在每个女生照片下方都有一个数字，代表在其心里的"美丑顺序"。比如，一个女孩背着包，手里提个塑料袋，下面标着 4306，这代表，这个女孩在他心里处于第 4306 名。宋某毫不忌讳地承认，这些照片都是偷拍的。这组"偷拍女生并按颜值排序"的作品引起广泛争议，展方将作品撤下并回应：发现作品不尊重女性，将进行闭馆调整。

这种偷拍行为侵犯了当事人的肖像权，《民法典》对《民法通则》的一个重要修改是删除了"以营利为目的"的构成要件，只要未经肖像权人同意，制作、使用、公开肖像权人肖像的行为就属于侵权行为。

有人会提出异议：艺术难道不应无拘无束，没有任何限制吗？

对于艺术家的推崇，大致是从 18 世纪末 19 世纪初开始的。艺术家开始被特殊看待，人们认为他们可以超越平凡的生活，比一般人更高大，更真实，更美好，更有灵气。艺术家虽然和我们芸芸众生共同生活，但是他们却可以自由地批判社会及其价值。

在 19 世纪，人们认为艺术家是独特的一批人，他们不承认任何规则，藐视一切束缚，削平一切藩篱。艺术家与宏大的自然融为一体，可以对抗社会的法律和道德观念。

很多人认为，伟大的艺术家都具有天才的特质，天才是鹤立鸡群的，他们拥有广博的心灵。审美的规律和法则会给天才戴上镣铐，天才无法忍受平淡无奇。

根据耶鲁大学历史学家弗兰克·特纳（Frank M. Turner）的洞见，对艺术家的推崇主要是人们对浪漫主义和乌托邦思想的向往。其中最具代表性的人物就是理查德·瓦格纳 [1]。

瓦格纳以自己的音乐展开了广泛社会和文化批评，认为时下的文化肤浅、庸俗和败坏。瓦格纳吸收了叔本华的悲观主义和费希特的民族主义，他所引起的狂热和追捧在德国达到了巅峰。弗兰克·特纳写道："瓦格纳对往昔的歌颂、对英雄主义的赞美、对军事价值的称许、对非理性的嘉赏，吸引了在俾斯麦治下看惯了铁血之胜，同时又厌倦了物质主义的那一代德国人。他们想让艺术从中产阶级的堕落中重生……"所以不难想象的是，为什么希特勒与他的"精神导师"尼采一样，一生都深爱瓦格纳的歌剧。纳粹们可以听着瓦格纳的歌剧，在极度的美感中优雅地把犹太人推进毒气室。[2]

1　理查德·瓦格纳（Richard Wagner, 1813.5.22—1883.2.13），出生于德国莱比锡，浪漫主义时期德国作曲家、指挥家。

2　参见[美]弗兰克·特纳：《从卢梭到尼采》，王玲译，北京大学出版社，2017年，第183—204页。

艺术真的不应该受到任何约束吗？

在科学界，真理往往掌握在少数人手中，艺术也只是一种小众的自由，一律以多数人的观点来判断是否存在科学或艺术价值可能导致多数的暴政，妨害科学或艺术的发展。

这就是为什么《德意志联邦共和国基本法》（简称《基本法》）第 5 条第 3 款第 1 句规定，"艺术、科研、学术和教学是自由的"，在《基本法》中，艺术自由属于"无法律保留的基本权利"（ohne Gesetzvorbehalt），通俗来说，宪法中规定的很多权利可以通过法律规定受到限制，但艺术自由并没有这种限制。在《基本法》中属于此类基本权利的还包括第 4 条规定的"信仰自由"。

这种无法律保留的基本权利天然具有保护少数人的特质，因此不允许立法者通过多数决定的方式对其予以限制。[1]

但是，这种无法律保留限制的基本权利是否就是绝对的权利，没有任何的内在限制，在德国这也是一个争论不休的话题。

我个人的观点认为，无论是科学还是艺术，它都并非绝对价值，在多元社会依然要进行价值权衡。比如，以克隆人体为目标的科学研究、以人皮为创作材料的艺术作品，或者打着行为艺术之名而进行强奸杀戮，这种科学或艺术当然要受到法律的限制。

有很多人以穆勒有关天才的论断主张科学或艺术的绝对自由："天才之士乃是且恐怕永远都是很小的少数；然则为了拥有天

1 　赵宏：《约瑟芬·穆岑巴赫尔案》，载张翔主编：《德国宪法案例选释（第2辑）》，法律出版社，2016年，第147—148页。

才，就必须维护他们得以生长的土壤。天才只能在自由的空气里自在地呼吸。"[1]

但是，不要忘了，穆勒的自由立场是和其所信奉的功利主义联系在一起的。在穆勒看来，一个自由的社会能够导致人的能力得到最大的发挥，因此在整体上能够促进社会的福祉。穆勒的自由观与他对人类尊严的笃信密不可分，因此他告别了边沁的快乐无高下之分论。穆勒将快乐区分为高级快乐和低级快乐，认为越是体现人类尊严的快乐越是一种高级快乐。

低俗作品、通俗作品、严肃作品都会给人带来快乐，如果你同时体会过这三种快乐，但是只能留一本放在图书馆，留给子孙后代，你会选哪本呢？我想大部分会选严肃作品。因为，这种快乐更多地体现了人类的尊严。

如果自由导致人对自我尊严的彻底放弃，那么这种自由是无法被允许的。即便穆勒也坚决反对"自愿卖身为奴"这类契约的有效性，穆勒提醒人们："自由原则不允许一个人有不要自由的自由，而允许一个人让渡自己的自由，也不是真正的自由。"[2]

因此，对科学或艺术自由的保障与人类的尊严休戚相关，但如果这种自由与人类的尊严严重抵触，那么这种自由就应当受到必要的限制。从这个意义来说，科学或艺术自由也并非绝对自由，而是一种相对自由。比如，如果一种作品的根本性目的就是为了

1　[英]约翰·穆勒:《论自由》, 孟凡礼译, 广西师范大学出版社, 2011年,
　　第76页。
2　同上书, 第123页。

宣扬淫秽或色情的乐趣，并以此作为独特的"艺术"价值，这种对人类尊严亵渎的价值显然是要被否定的。

在美国，曾经有过关于淫秽物品定义的多种司法判例。以前最高法院的判例曾经认为淫秽物品的判断标准是"全无社会价值"。但是，这里存在的问题是，完全推崇性的享乐主义是否"全无社会价值"？因此，在1973年的米勒案中，美国最高法院将此标准又进行了修正，认为淫秽物品并非毫无补偿性的社会价值，而是缺乏"严肃的文学、艺术、政治或科学价值"。[1]

美国法的变化值得借鉴，以推崇肉欲的放纵作为作品的根本目的，将人类降低为兽类，这与人类的尊严有所抵触，因此这种所谓的"社会价值"应当被限制，不能将其作为一种独特的艺术追求。

阿克顿勋爵[2]提醒我们，自由始终面临着两大威胁，其一是人们对乌托邦的向往，其二则是人们将自由与放纵混为一谈。

所以阿克顿勋爵告诫我们：自由并不意味着从道德中获得解脱。否则人类在追求自由的时候反而会受到更大的奴役，这种自由之路沾满血污。

艺术是自由的，但是并不是无拘无束的。人的尊严应该成为艺术自由的内在追求。总之，一种以歧视女性、蔑视人性尊严为目的的艺术是否具有真正的艺术价值，这要打一个大大的问号。

1　[美]乔尔·范伯格：《刑法的道德界限》（第二卷），方泉译，商务印书馆，2014年，第199—203页。

2　阿克顿勋爵（Lord Acton，1834.1.10—1902.6.19），英国历史学家、自由主义者，著有《自由与权力》等。

五、读经典

在读书中超越有限的今生

在世界读书日，我应邀分享自己的读书心得。说来还是有点惶恐不安，我是一个非常普通的老师，充满着人人都可能有的偏见、愚蠢、傲慢、自欺与虚荣。我平时没什么爱好，读书是我打发时间、对抗虚无的方式，读书心得也仅代表个人的经验之谈。

有的人觉得读书效用很低，浪费金钱和时间，是当代的反智主义；有的人过于崇尚智慧，把知识推高到无以复加的地步，是尚智主义。这两种观点在我看来也许都是错误的，反智主义是一种愚蠢的偏见，但是尚智主义何尝不是一种同样愚蠢的偏见。现在，一个人标榜自己爱读书，有时候带有某种夸耀的成分，"每周读五本""一年读完几百本书"以显示知识的优越感。在我看来，这种"爱读书"带来的优越感和清高，通常都是不学无术的表现。

之前我们提过，"智力"与"智慧"是两码事。很多智力出众的人不一定有智慧，有很多智力发达的人，其实都非常愚昧。

我一直都认为，真正的智慧一定是否定性的，也就是承认自己的无知。读书就是为了攀登智慧的阶梯。这其实是一种悖论性的存在，我们因为无知而读书，读书又让我们真正地承认自己的无知与浅薄。拒绝读书当然是一种愚蠢，但是因为读书而滋生出骄傲与傲慢是一种更大的愚蠢。

很多哲学家对书籍都有一种悖论性的理解。塞缪尔·约翰逊[1]认为，阅读的普及有助于读者的思想解放和社会的民主进步，但他又担心某些不符合规范或者缺乏选择性的阅读可能会助长读者的傲慢与偏见。苏格拉底也曾经用"药物"来比喻写作，书籍就像药，可能是一剂良方，也可能是一剂毒药。

今天，我也依然想在这种悖论性的视野中来谈论读书。我有限的精力和经验提醒我，读书也许有四个维度，或者说四种境界。

在书籍中逃避世界

这个世界并不美好，我们经常看到令人伤心、愤怒的新闻。每天的工作和生活也不尽愉快，甚至十分厌倦，职场不如意，情感也没有着落。很多人用读书来逃避现实，当我们沉浸在书籍中时，现实似乎已经不存在。我也经常用读书来逃避现实，暂时忘记现实世界的蝇营狗苟，"长恨此身非我有，何时忘却营营。夜阑风静縠纹平。小舟从此逝，'书'海寄馀生。"[2]

1　塞缪尔·约翰逊（Samuel Johnson，1709.9.18－1784.12.13），英国文评家、诗人、散文家、传记家。1755年4月15日，编撰出版英文字典《约翰逊字典》。

2　出自北宋苏轼《临江仙·夜归临皋》，原词最后两句为"小舟从此逝，江海寄馀生"。

我很喜欢《纳尼亚传奇》的作者 C.S. 路易斯，他小时候就沉迷阅读，自认为书中的世界比外面的世界更真实。路易斯自称家里的书都从书房溢了出来，他把书籍当作这个世界上最安全、最温暖的避难所，能够保护自己的心智，远离生活的种种凄苦。但是，路易斯在书中搭建的美好世界，随着母亲的病逝轰然倒塌。书籍并没有为他提供真正的庇护，当他从想象的世界中走出来，他依然要面对这个满目创伤、令人痛苦、令人心碎的世界。

如果书籍只是我们逃避世界的工具，那么，当你在书房的时候，似乎就拥有了对抗整个世界的力量。但是当你走出书房，会发现自己还是那个无能为力的懦弱之辈，这难道不是一种自我欺骗吗？如果读书只是逃避，那又与吸毒和放纵有何区别呢？不都是为了逃避庸碌、空虚的生活吗？

一个在购物节通宵购物的人，和一个读一夜书的人，难道不都是带着暂时的兴奋，和事后的疲倦，乘兴而来，败兴而归？逃避可能有用，但现实世界的困境并不会因为逃避而消失。

在书籍中营造世界

这个世界不完美，但是人类喜欢追求完美。我们会用想象去描绘完美，让我们暂时可以忽略世界的不完美。当我们看到一个半圆，脑海中一定会补出完整的圆。人类对于完美的追求，也许根植于灵魂的深处。落日余晖，云卷云舒，只有人类会因此思考和感动。

小时候，我很喜欢看武侠小说，因为这迎合了我行侠仗义的想象。在现实生活中，我经常被欺负，因为长得又高又瘦，就被同学看成是异类，还被说患有"巨人症"。虽然长得高，但不会打篮球，于是更加被瞧不起。我初一摔断腿，被起绰号叫"瘸子"，这个绰号一直跟到高三。我就会在武侠小说中，把自己想象成快意恩仇的大侠。

很多时候，我们对现实不满，转而在书籍中追求圆满。但这种圆满不可能是完全虚构的，头脑中任何的假设都是以现实世界的存在作为基础。也许对完美的追求就是我们作为人类的出厂设置，每当我们遇到不完美，就会激活这种本能，在书籍中想象和营造一种完美。可是，想象毕竟只是想象，我们在书籍中获得的完美，在现实世界中依然不完美。当你像鸵鸟一样，把脑袋埋进书籍的沙土之中，这个世界并不真正变得完美。这种营造的美并不真实，而且带有强烈的虚伪和自我欺骗。

伊恩·麦克尤恩的《赎罪》，让我对于这种文字所营造的自我欺骗有了更深的体会。

20 世纪 30 年代的英国，阶级观念还很严重。主人公布里奥妮·塔利斯出生于富有家庭，是一个想象力丰富、擅长写作的女孩。13 岁的塔利斯不自觉地爱上了管家的儿子罗比，但她也知道罗比跟自己的姐姐相爱。有一天，当她看到罗比和姐姐塞西莉娅有逾矩行为的时候，她内心暗流涌动，嫉妒、愤怒、羞耻、偏见，自此认定罗比是一个流氓。当表姐罗拉遭人强暴的时候，她在黑暗中只看到了罪犯的模糊身影，就确信无疑地认定是罗比。作为唯一的目击证人，她非常肯定地指认罗比。就这一句话，罗比被判入狱。她把罗比和姐姐一生的幸福彻底断送，自己也开始了漫长的赎罪之路。

这本书让我反思的是，她的赎罪是通过文字来完成的。塔利斯后来成为一名非常成功的小说家，她在书中虚构了姐姐和罗比的团圆结局，来让自己获得解脱。最后她以谎言弥补了谎言，这个虚构的故事是她真实的想法，却是她无法实现的愿望。文字成为道德上的泡泡浴，但是这真的能够赎罪吗？

类似的作品还有石黑一雄的《长日将尽》，这本书将人性的自我欺骗描写得淋漓尽致。瑞典学院将诺贝尔文学奖获得者石黑一雄的创作母题归纳为"记忆、时间和自我欺骗"，颁奖词说道："石黑一雄在对人类记忆和历史的深刻挖掘中，细腻地展示了人类对于美好回忆的执着，会使人无法走出幻想，这也许存在积极的一面，却更有走向自欺欺人这样的可能。"

我时常在反省自己，我读很多反映战乱、饥荒、贫困的书籍时会流泪，进而获得一种道德上的优越感。我为他人的苦难感同身受，为他人苦难的故事流泪，为他人苦难的故事伤心欲绝，就自我感觉是一个道德高尚的人，但是我真的身临其境吗？我付出实实在在的帮助了吗？

唐·麦卡林（Don McCullin）是一位杰出的战地摄影记者，他拍摄的一张非洲白化病儿童的照片，给了我极大的震撼。照片中身患白化病的黑人儿童，骨瘦如柴，奄奄一息。而且在非洲某些地区，患有白化病的儿童被认为是恶魔的化身。他们因为迷信而饱受迫害，甚至会被肢解用于巫术。但说实话，我的感动只是瞬间的，我其实什么都没做，只是流下了几滴眼泪。

罗素称自己活着有三个动力：一是对爱情的渴望，二是对知识的追求，三是对人类苦难不可遏制的同情心。但罗素只爱概念上的人类，不爱具体的人。他热爱民众，并为他们的苦难而痛苦，但他依旧远离他们；他主张人人平等，却从未放弃自己的伯爵头衔；他主张男女平等，却是为了有更大的性自由去拈花惹草。

远藤周作在《沉默》一书中有一句话很扎心："罪，并不是一般人所想象的，如盗窃、说谎。所谓罪，是指一个人通过另一个人的人生，却忘了留在那里的雪泥鸿爪。"

如果我们只是通过阅读营造一个假想的世界，却不愿意走入真实的世界，并关心真实世界中他人真实的苦楚，那么，这种自我欺骗式的阅读，其实毫无意义。

在书籍中理解世界

读书可以让我们暂时忘记真实的世界，排解自己的忧闷，但是我们终究要拥有进入世界的力量与勇气。

在某种意义上，读书既是一种出世，又是一种入世。有一个持续采访特蕾莎修女 30 多年的美国记者，在他年老发白的时候，问特蕾莎修女："为什么你可以照顾那些垂死的病人，为他们洗脚、擦身体，但我却做不到？我为你的行为感动，但我还是做不到。"特蕾莎对记者说："来，你面前现在就有一个人需要你的帮助，你可以为她清洗污垢，给他作为人的尊严，不要老是在想，要做。"

所以，我们要在书籍中理解世界，因为读书让我们能够拥有进入世界的力量和勇气。书籍可以拓展我们作为个体的经验，让我们接轨于人类经验的总和。每个他者都跟自己休戚相关，无论是过去的人、现在的人，还是将来的人，我们都生活在人类总体经验的故事中，我们都能在他人的故事中获得教诲。这就是为什么我们读英国诗人约翰·多恩的《丧钟为谁而鸣》时会感动：

> 没有人是与世隔绝的孤岛，
>
> 每个人都是大地的一部分；
>
> 如果海流冲走一团泥土，大陆就失去了一块，
>
> 如同失去一个海岬，如朋友或自己失去家园；
>
> 任何人的死都让我受损，因为我与人类息息相关；
>
> 因此，别去打听钟声为谁鸣响，它为你鸣响。[1]

无论是虚构作品还是非虚构作品，其实都是在探讨人类在不同情境中应当如何去选择。我们个体虽然是独特的，但是在人类的总经验中，个体又并不独特。我们经常说，每个人的悲喜并不相通，从个体的角度看也许是对的，但是放在人类的总经验中，这又并不准确。

每一部伟大的作品，都会让你更多地认识自己，理解自己。我很喜欢威廉·戈尔丁的《蝇王》，每次读都能再次洞悉我内心深处的幽暗，觉得自己比想象中更邪恶，更幽暗，更堕落。陀思妥耶夫斯基的书籍会让你深刻地认识到人性的复杂；赫胥黎的《美丽新世界》会让你反思科技与幸福。总之，每一部伟大的作品都是对你心灵的追问，都在帮助你反思自我，走出偏见，引发你思

1　[英]约翰·多恩：《丧钟为谁而鸣》，林和生译，新星出版社，2009年，导言第8页。

考那些自以为是的观念是否真的无懈可击。

如果你现在一心向往成功，那我推荐一部让你感到扫兴的书，巴尔扎克的《驴皮记》。人世间有一块驴皮能够实现你的一切愿望，但随着愿望的实现，驴皮将会缩小，你的生命也会缩短，你是否愿意接受这块驴皮？

如果你现在春风得意、踌躇满志，那也许可以打开莎士比亚的《麦克白》，它能让你认识到，不要过于留恋聚光灯下的人生："明天，明天，再一个明天，一天接着一天地蹑步前进，直到最后一秒钟的时间；我们所有的昨天，不过替傻子们照亮了到死亡的土壤中去的路。熄灭了吧，熄灭了吧，短促的烛光！人生不过是一个行走的影子，一个在舞台上指手画脚的拙劣的伶人，登场片刻，就在无声无息中悄然退下；它是一个愚人所讲的故事，充满着喧哗和骚动，却找不到一点意义。"[1]

如果你被强烈的使命感所驱使，甚至为了使命不惜把他人作为工具，我推荐你看戈尔丁的另一本著作《教堂尖塔》，这本书会让你反思：自我强加的使命是否只是一种自我欺骗？

当我们越多地理解世界，我们也就越多地理解自己。

在书籍中超越世界

如果书籍无法赋予我们对抗黑暗的力量，那么，读书就毫无

1　[英]威廉·莎士比亚：《莎士比亚全集》第六卷《麦克白》，朱生豪译，译林出版社，1998年，第184页。

意义。小说《偷书贼》贯穿着灰色的时代调性，但依然有很多令人温暖和感动之处。"二战"期间，犹太女孩莉赛尔在战火纷飞的德国艰难生活，她忍不住地偷书，这些偷来的书振奋了她的灵魂，给她活下去的希望。我在阅读过程中，时常想如果换作是我，是否拥有汉斯家族的勇气，敢于冒着生命危险去藏匿一个犹太人。虽然，小说中的汉斯最后没有因为藏匿犹太人入狱，但现实中的柯丽却因为收容犹太人被送入纳粹集中营，她年老的父亲和姐姐都惨死其中。

人类总体的经验时常在考问我们内心，这些书籍能不能帮助我们成为人类历史长河中的高光一刻。虽然这种高光一刻在有些人看来只是一种愚蠢，就像陀思妥耶夫斯基《白痴》中的提醒："当善良成了白痴，仁爱变得无用，狂暴显示为力量，怯懦装扮成理性，美注定要被践踏和毁灭，恶却愈加肆无忌惮、扰乱一切。"梅什金公爵并没能撼动这张根深蒂固的网，他并不能为这个世界做什么，他只能回到自己的净土。但是这个世界真的有净土吗？如果没有净土，我们还要做白痴吗？

这或许就是为什么特蕾莎会说这样一段话：

你如果行善事，人们会说你必定是出于自私的隐蔽动机。不管怎样，还是要做善事。

你今天所做的善事明天就会被人遗忘。不管怎样，还是要做善事。

你如果成功，得到的会是假朋友和真敌人。不管怎样，还是要成功。

你耗费数年所建设的可能毁于一旦。不管怎样，还是要建设。

你坦诚待人却得到了伤害。不管怎样，还是要坦诚待人。

心胸最博大最宽容的人，可能会被心胸狭窄的人击倒。不管怎样，还是要志存高远。

人们的确需要帮助，但当你真的帮助他们的时候，他们可能会攻击你。不管怎样，还是要帮助他人。

将你所拥有的最好的东西献给世界，你可能会被反咬一口。不管怎样，还是要把最宝贵的东西献给世界。

这也许就是经院哲学家阿奎那所说的，我们今生活着的唯一意义，就是超越今生。

这就是我认为读书的四个境界，我们在书籍中逃避世界、营造世界、理解世界、超越世界。

大家都非常熟悉童话故事《三只小猪》，三只小猪为了抵挡大灰狼分别盖了一座房子，大哥盖了草房子，二哥盖了木头房子，但是三弟不嫌麻烦盖了结实的石头房子。最后只有石头房子没有被大灰狼弄倒，保护了三只小猪的安全。

我觉得小猪所搭建的房屋就可以象征人类的思想观念，可以捍卫我们自己。我们一定都是依据一定的思想观念在生存，一种崇高的观念可以将人高举，一种卑下的观念则会降低人的尊严。读书在某种意义上，正是站在人类总体经验的基础上来获得安身立命的伟大观念。只有这种伟大的观念可以赋予我们作为人的尊严，可以让我们生活得有意义、有目的、有安全感，能够让我们超越暂时的琐碎和有限，能够让我们在一种更高级的意义上审视我们的日常生活，这种观念也能够像石头房子一样来帮助我们抵御人生的艰难困苦以及命运的当头棒喝。无论是疾病的流行，还是外族的入侵，人的肉体也许很容易毁灭，但是这种伟大的观念却万世长存。

人类只有站在伟大的观念上，才能感到自己的高贵和价值。伟大的观念创造伟大的人类，我一直觉得，大学之大不在大楼，不在大师，更不在大官，而在于伟大的观念。

哲学中有一个基本的争论是共相与殊相。有人说苏格拉底和他的学生们共同搭建了西方哲学的大厦，柏拉图讨论共相，亚里士多德讨论殊相。但是追求共相的人很容易自诩掌握了绝对的真理，过于独断；只谈多元，又很容易陷入相对主义的误区，认为没有绝对的对，也没有绝对的错，在虚无中迷失人生的意义。你会发现，只有当我们认识共相，才能理解殊相。如果没有对普遍观念的追求，只追求个性化和多元化可能会导致意义的消解，就像孔子临死之时对子贡说："太山坏乎！梁柱摧乎！哲人萎乎！"

因此，我个人的读书体会，是尽力寻找共相和殊相的结合，这是我一生的追求。我们用读书向先贤致敬，因为他们是我们追求智慧之路的前辈。只有谦卑，才能让我们真正认识前辈先贤。

通过书籍，我们站在前辈的肩膀上，也许能看得更高。但是请注意，你即便站得再高，你离天依然无限遥远，我们对于智慧的追求是永无止境的，唯有承认自己的无知和有限才能不断地追逐智慧。

我们需要拥有对普遍性的追求，因为唯有伟大的普遍才能抵御人世的无常，才能对抗每天的庸碌和琐碎，但是我们要尊重多元，共相和殊相能够在苏格拉底否定性的智慧中得到结合。这种否定的智慧让我们即便探究了真理的浩瀚，也不会独断和傲慢。我们越多地认识真理，只会让自己越多地谦卑，越多地尊重，和而不同，求同存异，与光同尘。

　　我们无知，所以我们读书；我们读书，所以越承认自己的无知。

狂热的魔咒、理性的自负

　　法国大革命之后，民主社会的三大信条"自由、平等、博爱"呱呱落地。每当我听到这些大词，心中就会涌出一些莫名的情感。当你不问我什么是"自由、平等与博爱"，我似乎知道它们的意思，但是如果你追问我这三个大词的含义，我却并不清楚它们准确之所指。

　　当罗伯斯庇尔[1]在 1790 年首次提出这个三位一体的口号，鼓动起法国革命的狂热激情，并在雅各宾派统治时期达到高峰，随后历次重要的以民主名义发动的革命都响彻着这三个充满魔力的大词。一旦祭出这三词魔咒，似乎就拥有了天然正义的力量，以至于它们的反对者都被披上"落后、反动"的标签。

　　英国法学家詹姆斯·斯蒂芬的《自由·平等·博爱》就是一本

1　罗伯斯庇尔（Maximilien François Marie Isidore de Robespierre，1758.5.6—1794.7.28），法国大革命时期政治家，雅各宾专政时期的实际最高领导人。

系统地批驳这三大信条的名著。斯蒂芬以英国古老自由制度的捍卫者自居。他认为，这三大信条更多是一种情绪的表达，它们的内涵模糊不清，很多关于自由、平等与博爱的观点是错误的，而且严重损害了英国传统的自由制度，因此必须予以批驳。在斯蒂芬看来，约翰·穆勒的三本著作（《论自由》《论妇女的屈从地位》《功利主义》）对这三大信条给予了充分有利的阐述，但是穆勒的观点是错误的，在实践中会极大地动摇英国古老的自由制度。

斯蒂芬曾经深受穆勒的影响，对穆勒早期的作品佩服有加。当1859年穆勒《论自由》一书面市，斯蒂芬亦是十分欣赏，但随着斯蒂芬法律职业生涯的开展，他慢慢地扬弃了穆勒的学说。斯蒂芬认为，后来的穆勒已经偏离了英国的自由主义传统。因此，《自由·平等·博爱》中所叙述的观点是与对穆勒的批评交织在一起的，当然，与其说斯蒂芬是对穆勒学说的攻击，不如说是一种重要的修正。斯蒂芬认为自由是有秩序的自由，平等是法律之下的平等，而博爱则是一种与自由社会不相同的价值。这种理解正是本书最重要的特点，值得我们予以充分的关注。

斯蒂芬曾就读于剑桥三一学院，师从《古代法》的作者，大名鼎鼎的梅因爵士，后从事律师职业，随后赴印度，步梅因后尘，出任总督议事会的法律专员，最后担任女王法院的法官。在法律职业之外，斯蒂芬还喜欢书写评论短文，该书最初就是以连载的形式刊登于报刊。斯蒂芬有大量的法律著述，其中最出色的莫过三卷本的《刑法史》。但是斯蒂芬对思想界最大的贡献并非其法律作品，而是这本政治评论文集《自由·平等·博爱》。

与穆勒不同，斯蒂芬并非一位单纯的学者，而是有着丰富的司法经验，因此本书充满着许多有趣的法律和生活事例。与穆勒的作品相比，本书在逻辑上也许并不严谨，但其生动性却远胜一筹。咄咄逼人的逻辑论证自有一种蛊惑人心的力量，但是人类从未完全居住在逻辑论证之中，尘世中的万物，许多是无法为人造的逻辑所涵盖的。在人类历史中，削足适履的逻辑命题曾经给人类带来了灾难性的后果。正如霍姆斯大法官所言："法律的生命是经验而非逻辑。"我们宁愿自己生活在前人经验积累的法律之中，而非强有力逻辑推导的法律命题之下。

今天，在中国刑法学界，亦有许多宏大的逻辑命题、人造的超级词汇，营造了一种人为的学说对立，诸如行为无价值与结果无价值的站队、社科法学和教义法学的比拼、主观主义和客观主义的文斗。斯蒂芬的《自由·平等·博爱》对民主社会三个大词的批驳，也许可以让我们警惕模糊性的词汇所带来的狂热，走出理性的自负。

一、秩序下的自由

自由，是一个极其含糊的词语，"没有一个词比自由有更多的含义，并在人们意识中留下更多不同的印象了"[1]，它似乎包含了可以想象的任何事情，难怪卢森堡夫人不禁感喟：自由，多少人假汝之名……

---

1   [法]孟德斯鸠:《论法的精神》(上册)，张雁深译，商务印书馆，1996年，第153页。

穆勒的伟大之处在于，他从消极方面给予公民自由清晰的描述："若社会以强迫和控制的方式干预个人事物，无论是采用法律惩罚的有形暴力还是利用公众舆论的道德压力，都要绝对遵守这条原则。该原则就是，人若要干涉群体中任何个体的行动自由，无论干涉出自个人还是出自集体，其唯一正当的目的乃是保障自我不受伤害……任何人的行为只有涉及他人的那一部分才必须要对社会负责。在仅仅关涉他自己的那一部分，他的独立性照理来说是绝对的。对于他自己，对于其身体和心灵，个人就是最高主权者。"[1]

然而，在斯蒂芬看来，穆勒的自我防卫自由观太过简单化了，这种过于简化的理论根本不符合生活实际。在人类的经验生活中，有许多不符合穆勒自由观的强制是合理的，它们不仅不是对自由的妨碍，反而保障了自由。

（一）简单自由原则可能物极必反

斯蒂芬认为，人类生活非常复杂，根本不存在穆勒那种简单而准确的答案。[2] 简单自由原则在很大程度上只是一种宣示，穆勒自己也只是阐释了这种教义，从未试图从整体上去证明它。[P6—7] 因为这根本就是无法证明的，它与许多生活经验和常识都严重背离。

穆勒区分涉他和涉己行为，认为只要与他人无涉的行为，就

---

1 [英]约翰·穆勒：《论自由》，孟凡礼译，广西师范大学出版社，2011年，第10页。

2 [英]詹姆斯·斯蒂芬：《自由·平等·博爱》，冯克利、杨日鹏译，江西人民出版社，2016年，第97页。下以角标（P/总序+页码）代指其在《自由·平等·博爱》的引用位置。

不应该受到任何干涉。然而，这两种行为根本无法区分。

人们是如此紧密地联系在一起，因此根本不可能说明最具个人性质的行为产生的影响能波及多大的范围。一种重要宗教的创立者的情感，一名大哲人的沉思，一位伟大将军的筹划，会影响千百万人的生活、思想和感情模式。……我们根本无法为人们的言行对他们相互之间的重要性划定任何界限。他们的存在，他们在场的事实，他们通过眼神举止表现出的气质，更不用说他们的语言和思想，这些因素给人们相互之间造成的影响，我们更是无法划定任何界限。（P97—98）

穆勒基于功利主义得出了他的自由结论："我把功利视为一切伦理问题上的最终归宿。但这里的功利是最广义上的，是基于作为不断进步之物的人的长远利益而言的。"[1] 斯蒂芬并不反对功利主义，但是他认为穆勒的自由观反而违背了功利主义。穆勒的自由原则要求人类事务尽可能少受限制，认为这会激发人最大的创造力，总体上促进社会福利。但斯蒂芬却看到反面，他非常冷静地看到人类中相当比例的人群是自私自利、感情用事、好逸恶劳，经常陷入琐碎的日常事务不能自拔，给他们天大的自由，也不能让他们有分毫的改进。（P23）穆勒的自由反而会纵容人性的懒散和恶习。缺少得到民意支持的道德约束，自由将变成放纵，没有任何社会价值。在斯蒂芬看来，人类普遍视为良好的每一种习惯，几乎都需要经过或多或少痛苦而艰辛的努力才能养成。（P10）不可能指

1　[英]约翰·穆勒：《论自由》，孟凡礼译，广西师范大学出版社，2011年，第11页。

176

望人会自发形成这些良好的习惯。没有道德施加的自律，个人会倾向于过一种游手好闲、了无生趣的生活，既没有高雅的教养，也缺少追求伟大人格的动力。^(序8)

因此，穆勒的自由观会让整个社会成为死水一潭，大部分个体也会陷入人性幽暗的沼泽无力自拔，自由会走向奴役。斯蒂芬举了一个形象的比喻：

你不妨对沼泽中的一潭死水发一通高论："天哪！你为何不流向大海呢？你在这里倒是自由自在，方圆数里之内，没有任何水利设施，没有水泵来吸你，没有你不得不流入的固定河渠，没有僵硬的堤岸把你限制于特定的路线，没有水坝和水闸。可是你动弹不得，你变得腐臭，滋生瘴气蚊虫，这跟奴隶有什么两样！"如果那一潭死水知道如何作答，它很可能会说："你想让我推动水磨，载起舟楫，可你得先给我挖出正确的河道，提供合用的水利设备呀。"^(P23)

更为可怕的是，当社会道德约束一旦松弛，每个人都成为一种离子的状态，社会秩序大乱，人们也就会甘心献上自己的一切自由，接受极权政治所带来的秩序与安全，自由会彻底地走向它的反面。

霍布斯早就对人类发出过预言，他说自然状态下失去主子的人会不断寻求能够抵挡洪水的大坝、秩序、安全、组织、清晰可辨认的权威，对于太多的自由则惊慌失措，因为自由会使他们迷失于巨大而充满敌意的虚空状态，处于没有道路、路标或目的的沙漠之中。[1]

根据以赛亚·伯林的洞见，自由可以区分为积极自由和消极自由，前者是指想要自己治理自己，或参与控制自己生活过程的欲望（liberty to...），后者则是"它回答这个问题:'主体（一个人或人的群体）被允许或必须被允许不受别人干涉地做他有能力做的事，成为他愿意成为的人的那个领域是什么？'"[2]也即"免于……的自由（liberty from...）"。积极自由的概念倡导自我实现，追求一种理性化的整齐划一的理想生活，常常成为残酷暴政的华丽伪装。像所有大革命一样，法国革命，至少是其雅各宾党的形式，正是那种集体自我导向的"积极自由"要求的大爆发。[3]然而，一如伯林所提醒我们注意的，消极自由也可能走向自由的反面。自由是有限度的，在强制和自由之间存在一个平衡，没有权威（法律）的社会是不存在的。伯林的论述显然受到了斯蒂芬的影响。

无论是穆勒，还是斯蒂芬，他们都是英国传统的消极自由观的拥护者，但是斯蒂芬却看到了穆勒简单化自由观的危险之所在，那就是过分地取消对自由的限制很有可能不是促进自由，而是扼杀自由。

（二）自由依赖于合理的强制

斯蒂芬深受霍布斯的影响，认为社会秩序有赖于使用强制力

---

1 [英]以赛亚·伯林:《自由论》，胡传胜译，译林出版社，2011年，第248页。
2 同上书，第170页。
3 同上书，第211页。

量，其中尤为重要的是宗教、道德和法律的强制。但是，强制不是为了取消自由，而是保障自由，因为自由只有在一定的秩序中才能得到运行。

斯蒂芬举了一个非常形象的比喻用以说明强制的合理性。

全人类的生活，就像水流一样，它被河堰、水槽、堤坝引向这个或那个方向。不同的水流，其流量和性质各不相同，因此疏导水流的工程设计也各不相同，但是人们的生活就是通过这些工程，也就是说通过各种各样的习俗和制度进行管理的。这些习俗不仅从本质上说是各种限制，而且他们是由极少数人的意志施加的限制，多数人心甘情愿地接受了这些限制，在他们看来，这些限制已变得如此自然，以至于并不把它们当作限制。^(P14)

显然，无论是宗教、道德还是法律的强制都无法通过穆勒简单的自卫式自由观的筛查。穆勒非常反感他所处时代流行的基督教加尔文宗教义，认为这种教义是对人的束缚，与自由完全不相容，无助于对真理的发现，让人没有个性，缺乏创造力。[1]穆勒的这种看法如果不是故意歪曲，也可能是一种无知所致的偏见。斯蒂芬令人信服地指出：

将这种教义说成是灭绝人的本领、能力和感受力的压迫势力，只能表明一个人的无能，他无法把神学和经院哲学外壳中的谷粒剥离出来，正是这些谷粒，养育了那些曾在人世间走过一遭的最勇敢、最辛苦、最具活力的人。如果有一种理论要求我们相信，

---

1 [英]约翰·穆勒：《论自由》，孟凡礼译，广西师范大学出版社，2011年，第72页。

像约翰·诺克斯这样的人是没有自己意志的可怜虫，这种理论不可能是正确的。[P34]

马克斯·韦伯在《新教伦理与资本主义》一书中也清晰地描述出加尔文宗教义让人在天职中追求卓越，对资本主义精神有着至关重要的促进作用。难怪就连对穆勒敬佩有加的以赛亚·伯林也指出：历史的证据倾向于显示，统一性、对真理的爱以及炽热的个人主义，至少在有严格纪律约束的共同体中，如在苏格兰或新英格兰的加尔文清教徒中，或在纪律严明的军队中，或者在比较宽容与冷漠的社会中，同样能成长起来；如果是这样的话，那么穆勒的自由是人类天才成长之必要条件的论点就是站不住脚的。[1]

（三）自由只具有工具性价值

斯蒂芬把自由看作一种工具，本身并不具有内在的价值，而要服务于社会福祉，因此他也并不反对穆勒所倡导的功利主义，只是他认为穆勒的自由观是对自身功利主义的违背。

值得注意的是，视自由为工具并不意味着轻视自由，更不是威权主义，斯蒂芬只是认为自由像人类生活的其他一切社会要素一样，也有着自身的利弊。人类社会存在许多美好的价值，自由只是其中的一个价值，不能为了这个价值，而牺牲所有其他美好的价值。如果我们关心的是社会福祉，那么当自由弊大于利的情况下，就不能盲目支持这种自由。

根据功利主义，斯蒂芬提出了著名的关于强制的三原则。强

1　[英]以赛亚·伯林：《自由论》，胡传胜译，译林出版社，2011年，第177页。

制在以下情况中是有害的：（1）强制的目的是有害的，比如强迫一个人杀人；（2）目的正确，但强制手段不适合达到目的，比如对坚持某种特定的宗教观点进行惩罚，即便强制的目的正确，但手段也不适合达到目标；（3）目的正确，手段也能达到目的，但付出的代价太大。(P36) 比如预先安装严重危险性的防卫装置保护自己的财产就是错误的，因为它造成的危害远远大于它试图避免的危害。

作为刑法学者，斯蒂芬特别提醒读者，刑法只能施加于最严重的事情，而且要防止滥用。如果司法调查成本很高，可能侵犯许多人的隐私，那么就不得以犯罪论处。这是不能将恶习普遍视为犯罪的决定性原因。(P103—104) 斯蒂芬特别看重人的隐私权，他说：确实存在着一个地方，尽管我们不可能划定它的边界，在这里，法律或舆论都是侵害者，很可能带来更多的伤害而不是益处。试图用法律或舆论的强制去调整家庭内部事物、爱情或友情关系，或其他许多同类事务，就像用钳子从眼球中夹出人的睫毛一样，这会把眼球拽出来，但绝对得不到睫毛。(P114)

二、法律之下的平等

在民主社会的三大信条中，平等最有声势，同时也最模糊。斯蒂芬认为，"平等"这个词的含义十分空泛而含糊，本身几乎没有意义。(P140) 它可以指人人应当平等服从适用于所有人的法律，也可以指当公平执法，还可以指社会的全部收益应当平等分配。在斯蒂芬看来，最后一种平等在大多数情况下仅仅反映着无产者对有产者的嫉妒。这种嫉妒主要是一种模糊的情感。斯蒂芬把平等视为当时民众最强烈的感情，同时也是最低贱、最有害的感情。有鉴于此，斯蒂芬对穆勒在《论妇女地位的屈从》一书中所提及的平等观念进行了批驳。

穆勒认为：在不发达的社会状态下，人们很难认识到他们之间的平等关系。要平等，就要成为敌人……然而，命令和服从仅仅是人类生活中不幸的必需品，平等的社会才是它的正常状态。现代社会生活越是进步，命令和服从越会变成生活中的例外……[P145]

在斯蒂芬看来，穆勒的观点是完全错误的，它的基础是一种错误的历史观，错误的道德观和荒唐的、扭曲的事实观。从经验主义出发，斯蒂芬认为人与人在实质上是不平等的，很多时候，人们的平等情绪只是为了把强者拉到与弱者同等的程度。然而"服从真正的权威，顺应真正的必然因素，尽可能从好的方面利用它，是一切美德之中最重要的美德——这种美德是取得一切伟大而持久的功业的要素"[P121]，"命令和服从并不是'不幸的必需品'，而是站在人生的入口处，掌管着人生最重要的部分"[P148]。

因此，在斯蒂芬看来，如果说平等有实际意义的话，那也只是一种法律之下的平等，也即法治所赋予的平等——同等情况同等对待。

（一）对结果平等的反对

法律下的平等绝非结果的平等，每个人都有机会来改进自己，但结果平等的观念是荒谬的。平均主义的道德观会破坏私有财产和社会道德。既然人在天赋和能力上是不平等的，社会就会把这些差异体现出来。如果没有财富和社会地位的差异，人们将失去工作的动力。[1] 因此，平等既可以成为自由的最佳补充，也可能成为它凶恶的敌人。托克维尔认为，平等是一个诱人的理想，同时又是太容易堕落的理想。均贫富、等贵贱，这种对平等的追求挑动着无数人的激情，激情所致的生灵涂炭，在历史上一而再、再而三地重复。人们越是致力于争取更大更多的结果平等，人们就越有可能陷入等级、特权和专制主义的泥塘。[2]

因此，斯蒂芬特别强调财产权的重要性，基于法国大革命的残酷教训，斯蒂芬以一种最强烈的激情谴责对财产权的漠视，并认为这会导致自由的彻底丧失，带来灾难性的后果。"把'自由'解释成'民主'，建立一个民主政府，通过平均分配财产承认天下一家"，"当这样使用自由时，还应该加上'不然就是死亡'的说法"，自由于是彻底丧失。"这是一种以最激烈的方式表达全部痛苦和怨恨的学说——可以假定，人类中大多数落魄的妒忌者和残忍的复仇者心中，都充满了这种痛苦和怨恨，它所针对的是那些他们视为压迫者的人。"穷人会把富人视为压迫者，他们会对富人说："通过建立自由——意思是民主——制度，我们现在是主人了，既然人人都是兄弟姐妹，有权平等地分享共同财产，所以我们要剥夺你，不然你就得死。"(P128) 回首 20 世纪的人类历史，不能不佩服斯蒂芬洞见。遗憾的是，正如黑格尔所告诉我们的，人类从历史中唯一得到的教训就是从来不接受教训。

1　　刘军宁：《保守主义》，东方出版社，2014年，第147页。

2　　同上书，第148页。

（二）平等与区别对待

法律下的平等反对结果平等，它更多是一种过程的法律适用平等。但是，鉴于人类在起点上存在天赋、财富、个性、教育、性别、种族等各方面的不同，因此法律下的平等并不反对区别对待。但是如何确定同等情况与不同情况，进行合理的区别对待则是一个非常复杂的问题。当代的读者可能很难接受斯蒂芬认为男女不平等的结论。在斯蒂芬看来，"男性在每个方面都强于女性。男性的肌肉更发达，力气更大，智力更好，性格上更有活力"^{（P149）}。因此，法律和舆论应该承认这些差异，在兵役法、婚姻法等法律制度上考虑这种差异，进行区别对待。

斯蒂芬坚持认为，这种区别对待对女性有利。我们也许很难接受这种结论，但是，斯蒂芬提醒我们，如果把婚约双方视为平等，那么婚姻就可以像其他合伙关系一样随意解除。如果这种观点成为法律，会使妇女变成丈夫的奴隶。与男人对女人失去吸引力相比，女人对男性失去吸引力要早得多。女性与男性相比，她与子女的关系更加密切。因此，如果丈夫可以随意终止婚姻，那么一个容颜不再、已为人母的女人，十有八九会完全受到丈夫的摆布。^{（P151）}所以，斯蒂芬赞同不可解除的一夫一妻制度，法律应当以最严厉的方式管制人类最强烈的激情、最冲动的欲望，这种控制的结果对女性普遍有利。这种见解有一定的现实合理性，值得我们深思。

斯蒂芬曾是梅因的学生，深受梅因思想的影响，他非常熟悉梅因有关身份到契约的发展趋势。梅因说："迄今为止的社会发展，就是从身份到契约的转化。"但是斯蒂芬却清醒地看到从身份到契约的转变，并不一定有利于平等的转变。服从和保护是相对的，取消一方，另一方也会随之消失，契约法之下的暴力要比身份法之下的情况严酷百倍。^{（P166）}

（三）法律的超验权威与世俗权威

法律下的平等要求法本身是正义的，因此斯蒂芬反对奥斯丁的实证法学派，认为世俗政府不是法律的最高权威，在人定的实在法背后还有更高级的法，或是神意，或是自然法。"有些权利不是法律所创设的，它们存在于法律之外，而且先于法律；侵害这些权利的法律是不正义的；虽然没有侵害它们，但带来的害处大于好处的法律是不恰当的。"^{（P137）}

按照斯蒂芬的见解，法律和道德密不可分。法律只是道德的载体，权力意志不能任意产生道德法则，道德在法律之上，法律及立者的意志在道德之下。法律的超验权威不是人的理性所创造的，而是写在历史、文化、传统和习俗中，写在活生生的社会生活之中。

如果法律没有超验的权威，那么法治就是一句空话，自由也无法得到保障。但是，理性主义者更愿意从世俗中寻找法律的权威，而这往往导致对自由的背叛。比如将自由视为绝对价值的卢梭，"人是生而自由的，但却无往不在枷锁之中。"[1]"在他的眼里，自由就好像是一种宗教式的概念。在他眼里，自由与人类个体是等同的。说一个人成其为人，与说他是自由的，几乎是一回事

1　[法]卢梭：《社会契约论》，何兆武译，商务印书馆，2003年，第4页。

儿。"¹那么，如何冲破一切枷锁，获得自由呢？卢梭在《社会契约论》里给出了举世闻名的答案，即"每个人既然是向全体奉献出自己，他就并没有向任何人奉献出自己"。"要寻找出一种结合的形式，使它能以全部共同的力量来卫护和保障每个结合者的人身和财富，并且由于这一结合而使每一个与全体相联合的个人又只不过是在服从自己本人，并且仍然像以往一样地自由。""每个结合者及其自身的一切权利全部都转让给整个的集体。""共同体不可能想要损害它的全体成员；而且我们以后还可以看到，共同体也不可能损害任何个别的人。"²卢梭认为，自由与被统治没有矛盾，而且人们只有在社会政治生活中才能过上一种完美的自由生活，正是在这种社会契约论的基础上，卢梭建立了他的人民主权理论。在卢梭看来，主权者是永远不会犯错误的。他无法想象基于公意产生的主权政府也可能践踏先前的契约，走向独裁。不幸的是，这却成了事实。所以伯林把卢梭看成自由最大的敌人，"卢梭自称是有史以来最激越和最强烈地热爱人类自由的人……尽管如此，在整个现代思想史上，卢梭是自由最险恶和最可怕的一个敌人。"³。

1　[英]以赛亚·伯林：《自由及其背叛》，赵国新译，译林出版社，2011年，第29页。

2　[法]卢梭：《社会契约论》，何兆武译，商务印书馆，2003年，第19—20、23—24页。

3　[英]以赛亚·伯林：《自由及其背叛》，赵国新译，译林出版社，2011年，第46页。

三、博爱不容于自由

博爱源于孔德创立的人道教。人道教崇拜的特有对象是"伟大存在"（Great Being），孔德用该词来指人类。在他看来，不是上帝而是人类维持并指导人类的生存，因此崇拜人类是正确的。"伟大存在是由过去、现在和将来的人类组成的整体，在完善世界秩序上他们欣然地相互合作。""人类集各种本性于一身，包括将自愿合作的唯一源泉，即爱，作为它的原则。"在个人主义平台上，我们不会找到最深刻的完满和快乐，因此，"在真正意义上可以说，爱人类构成了人类之全部职责"[1]。

穆勒与孔德的思想和目标具有惊人的相似性，在其自传中，穆勒承认他对孔德思想在英国的传播所做出的贡献比任何人都大。虽然穆勒后来与孔德分道扬镳，但是穆勒自始至终对孔德的进步主义和人道主义深信不疑。他说"直至人类思想模式中的基本结构发生伟大变革，人类命运中的伟大改进才可能出现"，"除了人道教没有其他宗教"[2]。

在《功利主义》一书中，穆勒对其博爱观予以详细的申明：

（孔德的）著作极其充分说明了："即便没有宗教信仰的帮忙，我们也能够使'为人类服务'具有一种宗教所具有的心理力量和社会功效；我们甚至能够使人类生活完全被'为人类服务'所控

1　[美]史蒂夫·威尔肯斯、阿兰·帕杰特：《基督教与西方思想》（第二卷），上海人民出版社，2017年，第182、184页。

2　同上书，第186页。

制，使一切思想、感情和行为都涂上'为人类服务'的色彩"，"我们目前的时代是人类发展的相对早期阶段，在这个阶段中，一个人确实不能感受到对其他一切人的完完全全的同情……但一个社会感情已经成熟的人，就不可能把他的同胞都视为与他争夺幸福手段的对手……[1] 只有那些道德上一片空白的头脑，才能为他们的人生旅程安排这样的计划：除非受到它们私利的驱使，根本不去关心别人。"（P184）

对穆勒的博爱观，斯蒂芬认为这完全与自由不相容，所以他给予了最为猛烈的批驳，他认为穆勒的观点在人性观、历史观、实践上都是错误的。

（一）对人性乐观的批驳

穆勒对人性持过分的乐观的看法，认为每个人行事都会将普遍幸福作为伦理标准，充分尊重他人，对人类同胞具有博爱之心。因此，如果人类摆脱了一切限制，尽可能给他们一个平等的起点，他们就会自然而然地如同兄弟般彼此相待，为他们的共同利益以及和谐的工作。

斯蒂芬对人性看法与穆勒不同，他认为人类社会的冲突是必然的，坏人与好人有冲突，好人与好人也有冲突。"有不少人是坏人，但绝大多数人既不好也不坏，还有许多好人，这个无所用心的广大群体随着环境左右摇摆，而这种环境中最为重要的一项

1　[英]约翰·穆勒：《功利主义》，徐大建译，上海世纪出版集团，2008年，第33页。

就是当时占优势地位的是好人还是坏人。我还相信，在所有类型的人之间，都存在必将永远存在敌意和冲突的真正诱因，甚至好人也有可能相互为敌……"（P184）

（二）对进步主义的怀疑

和启蒙时代大部分的理性主义者一样，穆勒也痴迷于进步主义。在穆勒看来，伴随着文明的进步，每个人都能培养人道的博爱情感。但是，斯蒂芬对进步主义的狂热却非常冷静。他认为进步是一个混合体，既有好的一面，也有坏的一面。甚至在很多方面是由强变弱，与过去相比，人们能变得更敏感，但创业精神和宏大抱负也减少了……他们比过去变得更加害怕受苦，无论是他们自己还是别人受苦。（P155）

斯蒂芬清醒地预见到进步主义的激进色彩，进步主义会以博爱为名积极地改造社会，改造人性，让"非理性的人"（缺乏博爱之心）变为"理性的人"（拥有博爱之心）。如果你无法变得"理性"，那么就要因"爱"你的缘故，强行让你成为一个理性的人。孔德告诉人们："只有一种正确的生活道路；智者自发地趋向于它，这就是他们为什么被称作智者的原因。愚者必须借助智者掌握的所有社会手段才能被引导向它；为什么明显的错误还要存在并被培养呢？"[1] 当人遵循智者的教导，人也就变得"自由"。用费希特的话来说："圣贤比你更知道你自己，因为你是你激情的牺牲品，是过着他律生活的、半盲的、无法理解自己真实目标的奴

1　[英]以赛亚·伯林:《自由论》，胡传胜译，译林出版社，2011年，第200页。

隶。你希望成为一个人。国家的目的正是满足你的这个愿望。""为了在未来（让你）能增长见识，教育使强迫变得合理。"[1] 我们的自由随着不断的牺牲而膨胀，这种自由和它每天的营养物质就是鲜血（切·格瓦拉语）。后世所有的腥风血雨似乎都打上了进步主义的烙印，我们不能不惊诧于斯蒂芬在狂热的时代潮流中清醒的定见和对未来准确的预见。

（三）实践中的危险后果

博爱的倡导者爱的是抽象的人类，但却不爱具体的人。年少时我读卢梭的《论人类不平等的起源》，我深深地折服。我在想这是一个多么敏感的人啊，看到人类受苦，居然会流下伤心的泪水。随着年岁的渐长，读的书慢慢地多了，才发现我所敬仰的卢梭只爱抽象的人类，根本不爱具体的人。卢梭和女佣通奸，后者为他生了五个孩子，卢梭把他们都送往了孤儿院。他在《忏悔录》中为自己辩护，说他忙着爱人类，以至没有时间来关心自己的孩子。[2]《悲惨世界》中抛弃芳汀母子的多罗米埃也曾经引用卢梭的高论，为自己始乱终弃的行为辩解。所以，这是为什么斯蒂芬说："我在读卢梭的《忏悔录》时发现，几乎很少有文学作品能像他对人类表达的爱那样让人恶心。"(P178)

博爱的信奉者很容易因着对理想人类的爱，而仇恨现世的具

1　[英]以赛亚·伯林:《自由论》，胡传胜译，译林出版社，2011年，第198页。

2　[英]保罗·约翰逊:《知识分子》，杨正润等译，江苏人民出版社，1999年，第16页。

体之人。斯蒂芬说："对天下人的爱，通常意味着热衷于我本人有关人类应当是什么样子、他们应当如何生活的观点。它经常意味着对现状的不满。一个对自己见过面的兄弟都不爱的人，特别易于觉得他会去爱他从未见过也永远不会见到的远房表兄。"^{（P197）}想象中的人类越可爱，越是觉得身边之人乏味恶心。因为抽象的人类如此可爱，而具体的人如此麻烦。对抽象的人类的爱是无需付出代价的，凭空想象，收放自如。但对具体的人的爱则总是要投入大量的时间和精力。然而真正的爱一定是要付出代价的，牺牲越大，爱心也就越大。无需付出代价的爱不是为了欺骗自己，就是为了欺骗他人。

斯蒂芬指责穆勒总是带着轻蔑的口吻，谈论着同代人的普遍卑琐，但又期待着一个普世之爱，使人类获得新生的时代。他警觉地意识到，那些号称博爱的人，通常会为了他本人所理解的后代的幸福，毫不犹豫地牺牲现在活着的人所理解的幸福。^{（P198）}

博爱所依托的人道教是对基督教的拙劣模仿，在斯蒂芬看来，普世之爱的唯一合理性在于其深厚的信仰背景，但是人道教却把这种信仰之根拦腰砍断，因此这种浅薄的人道信仰一定会出现灾难性的后果。爱是与仇恨相对应的，离开了仇恨，爱也就无法理解，但基督教信仰有天堂，也有地狱，有上帝对人类的愤怒，也有上帝对人类的慈爱。人若不理解上帝对人类罪恶的仇恨，也就无法理解上帝之子作为赎罪羔羊代替人类而死的爱之教义。斯蒂芬认为，功利主义必须有信仰的基石，有对永恒的盼望，否则功利主义一定走向排斥超验的庸俗功利主义，结出恶之花。

孔德所开创的人道教很容易走向双重道德，类似于柏拉图的

"高贵的谎言"。孔德曾是圣西门爵士秘书，但后来因为自视甚高，不愿屈居第二而与圣西门决裂，但是孔德的思想打下了圣西门主义的强烈烙印。圣西门真诚地赞同双重道德，他在人类历史上第一次清晰明白地表达了下列立场：让那些了解科技需要和当前科技种种可能性的精英人物来管理社会，而不是民主来管理社会，这是很重要的；由于人类当中大部分人蠢不堪言，由于他们主要受情感的支配，因此启蒙精英的任务是，对自己奉行一套道德，而用另一套道德去反哺他们治下的臣属。在圣西门看来，双重道德没有什么不道德，反而是唯一的一条进步途径，唯一的将人类导向天堂大门的途径。[1] 孔德的人道教显然深受圣西门双重道德理论的影响。

总之，斯蒂芬的伟大之处在于，他如此清澈地洞察了根植于人道教的博爱是一种完全不容于自由的价值，可能酿成巨大的恶果：那些对人类怀着无私的爱，却对具体的人缺乏基本的责任感，他们会用自己对全人类的大爱，变成对具体人采取一切暴力行为的理由。^(P199)

四、容易导致的误读

与穆勒的书相比，斯蒂芬的书并不好读。他逻辑性不算严谨，体系也难说严密。如果缺乏对其思想脉络的把握，很容易出现误

1　[英]以赛亚·伯林：《自由及其背叛》，赵国新译，译林出版社，2011年，第102页。

读。关于本书，至少有两点容易误读之处：

（一）崇拜权力的威权主义？

斯蒂芬深受霍布斯的影响，他认为权力非常重要。关于自由与权力，斯蒂芬明确地告诉我们，权力先于自由——自由从本质上说依赖于权力；只有在一个组织良好，既明智又强大的政府保护下，自由才有可能存在。^{（P118）}

因此，人们很容易把斯蒂芬看成崇拜权力的威权主义者。威权主义强调对权力的服从，反对对权力加以限制。但斯蒂芬认为，权力不是无限的，它必须受到法律的约束。正如自由是秩序下的自由，而权力也只有在法治下才具有正当性。基于对法治的推崇，斯蒂芬告别了霍布斯的强权政治立场。

斯蒂芬认为法律本身有其超验的根源，因此立法者的意志并非最高意志，在其上还有道德和宗教的源头。因此，一个国家不仅仅有政治权威，还应有其他社会权威，它们之间有相互的制约作用。政府并非最高道德权威的化身，斯蒂芬告诫我们，任何政治制度都注定存在缺陷："人们的愚蠢、软弱和无知，在所有人类制度中都留有深深的烙印，就像其他任何时代和地点一样，它们现在仍然清晰可辨。"^{（P176）}作为法律源头的道德和宗教是对政治权威的一种必要限制。

（二）因循守旧的保守主义？

如果硬要给斯蒂芬贴上一个标签的话，那么他大致可以归入保守主义。当然保守主义并没有条理清晰的体系，也缺乏统一的目标和明确稳定的政治立场。但是，保守主义具有强大的工具性价值，对于维护社会中某些既有的结构性成分，避免某些政治方案的恶果，它能发挥不可替代的作用。^{（总序 P4）}

谈及保守主义，人们本能的反应是因循守旧，落后反动。然而正如斯蒂芬告诉我们的，传统并非一无是处，进步也不是永远正确，人类经验累积的知识比那种凭空想象的理论，可能更可确保人们在制度设计上少跌跟头。"在人生的几乎所有重大事务上，确切地说，有关未来的所有事务上，我们不得不在黑暗中摸索。"^{（P234）}但是，相比于经常开出空头支票的理想主义，保守主义基于对超验道德的笃信，对理性万能的警惕，对人性幽暗的洞察，他们立足现实的观点，虽然可能难以博人眼球，但却可能更加务实。

五、对刑法学研究方法的反思

斯蒂芬是一位出色的刑法学者，因此这本书带给我更多的思考是有关刑法学研究方法的反思。

（一）犯罪论中的道德主义

刑法保护的是道德规范，还是法益，这是刑法学的基本问题。当前，绝大多数中国刑法学者认为刑法保护的是法益，这深受穆勒观点的影响。穆勒在《论自由》一书中所提出的"损害原则"（没有侵害就没有刑罚）一直是刑法规范正当化的基础。"法益理论"虽然是一种来源于德国的知识话语，但它基本是穆勒"损害原则"的德国制造，其哲学基础也是穆勒式的功利主义，这种立场反对将刑法作为维护道德规范的工具。[1] 然而，斯蒂芬对穆勒自由观的有力驳斥，让我们不得不反思道德主义在刑法中的作用。

事实上，在斯蒂芬之后，法律道德主义与损害原则的争论从未停止。20世纪60年代，哈特和德夫林勋爵就违背性道德的行为能否被犯罪化的激辩不过是19世纪论战的延续。20世纪80年代美国法学家范伯格在其四卷本的巨著《刑法的道德界限》中细致地研究了穆勒的观点，发展了穆勒的损害原则。他讨论了能够为犯罪化提供合理辩护的四种原则：损害原则、冒犯原则、法律家长主义和法律道德主义。作为穆勒的门徒，范伯格认为只有损害原则和冒犯原则才能为刑事立法提供正当性辩护，而法律家长主义和道德主义则不具有正当性。但是范伯格认为"冒犯"也是一种损害本身就是对"损害原则"的突破。范伯格的观点再次引发道德主义与损害原则的争论。持道德主义的学者批评范伯格逻辑立场不一，认为冒犯原则会不可避免地滑向法律道德主义。当前，美国仍有一些重要的学者都为法律道德主义辩护。法律道德主义仍具有强大的生命力，斯蒂芬与穆勒的论战仍在继续。中国学界对这种声势浩大的争论不能充耳不闻。

如果把道德主义区分为作为入罪根据的积极道德主义和作为出罪根据的消极道德主义，相当比例的学者都认可消极的道德主义。如果一种行为是道德所鼓励或者容忍的行为，那么即便它符合法律的规定，侵犯了法益，也不应该以犯罪论处。道德所鼓励

1　参考[日]曾根威彦：《刑法学基础》，黎宏译，法律出版社，2005年，第1—2页。

的行为是一种违法阻却事由，道德所容忍的行为一般可视为责任阻却事由。

但是，对于积极道德主义，也即能否把道德作为入罪的基础，则存在相当大的争议。斯蒂芬的贡献在于，它关于强制的三原则可以为积极道德主义在刑法中的作用提供一个可供操作的限定性标准。如果不承认积极道德主义，现行刑法中许多罪名无法得到合理的解释，法益理论也会空洞无益。事实上，法益的内涵、权衡、放弃都取决于道德规范的要求。[1]更为可怕的是，如果缺乏道德规范的指引，法益学说必然沦为纯粹的法律实证主义，无法对立法和司法进行必要的约束和限制。那些打着自由名义的法益学者可能不自觉地会将自由献在威权主义的祭坛之上。不要忘记，法益学说的开创者宾丁就是国家权威主义的代表，为国家所制定的法律提供全面的辩护，他认为毁灭生存没有价值的人的生命是合"法"的。[2]总之，斯蒂芬关于法律与道德的声音，值得中国学界倾听。

（二）刑罚论中的人道主义

有许多刑法学者深受孔德思想的影响，倡导人道主义的刑罚理论，但却没有注意到它的危险之所在。这些学者认为报应主义是一种复仇，是野蛮和不道德的。根据人道主义的刑罚理论，罪

1　罗翔：《结果无价值论之检讨》，《法学杂志》2014年第2期。

2　[日]木村龟二主编：《刑法学词典》(上)，顾肯荣、郑树周等译，上海翻译出版公司，1991年，第192页。

犯只是一种病态，需要接受治疗。惩罚于是就变成了治疗。然而，对于犯罪人所施加的措施，即便称之为"治疗"，也和以往称之为刑罚的措施具有同样的强制性。在人道主义刑罚理论看来，应受惩罚性这个概念应当从刑罚中剥离。我们只需要考虑如何可以矫正罪犯或者制止他人犯罪。当我们根据应受惩罚性来考量刑罚的正当性，那么刑罚就是一个道德问题，法学也是一种关于权利与义务的科学，法律在原则上不能超越社会良知的约束，每个人都有权利就此发表看法。

但是，当我们以"预防"和"矫正"来替换应受惩罚性这个概念。那么，也只有技术专家可以对此做出判断。于是，人道主义刑罚理论将审判从法官转移至技术专家之手。公众朴素的良知有权对法官进行批评，但对这些专家却无能为力。专家根本不使用诸如权利或正义这些范畴。他们认为，既然古老的惩罚观念已被抛弃，那么所有报复性动机也应剔除。既然犯罪和疾病被等量齐观，这就意味着我们的专家冠之以"疾病"的心理情况可以犯罪对待，并对其实施强制性的治疗措施。因此，如果一种让政府不满的行为，即便与道德罪性无关，本不应被剥夺自由，政府也可对其"治疗"，而人却无法辩解，因为我们的专家根本就不使用应受惩罚性和刑罚这种概念，而是以疾病和矫正取而代之。比如，有一些心理学专家已经将宗教视为精神疾病。当这种特别的精神疾病让政府觉得不爽，如何阻止政府去实施"矫正"呢？虽然这种矫正明显是强制性的，但却披着人道主义的外衣，并不使用让人胆战心惊的"逮捕"之名，而使用的是"治疗"这种"优雅"的手段。事实上，在德国和意大利，这两个"预防刑"和"矫正刑"的诞生之地，法西斯专政曾经极大地利用了这种所谓的"科学"大行残暴。[1]

"预防刑"的后果更为可怕。当惩罚一个人是为了将其作为对其他人进行威慑的范例，你只是把他作为实现他人目的的工具。这本身就是一种非常邪恶的事情。如果刑罚的正当化基础不再是应受惩罚性，而是预防的有效性，那么惩罚罪犯也就没有必要要求他一定要实施犯罪。

仁慈是与公正相对应的，离开了公正，仁慈也不复存在。正如 C.S. 路易斯所言：仁慈只有当其生长于正义岩石的缝隙中，才能开花。若将其移至人道主义的泥沼，它将变成食人草，而其可怕之处更甚，因为它依然顶着可爱绿植之名。[2]

斯蒂芬对人道教和博爱理论的批评，也许可以让我们走出狂热的理想主义，意识到人道主义有可能导致的人道灾难。

六、结语

《自由·平等·博爱》一书告诉我们，那些深入人心的大词，含义往往非常模糊，它在鼓动人们情绪的同时也很有可能走向倡导者始料未及的反面。当然，"社会和政治术语必然是模糊的。试图使政治的词汇变得太精确便有可能使之变得无用。但是让词的

1　C.S. Lewis, *The Humanitarian Theory of Punishment*, 6 Res Judicatae, pp. 224—225 (1953).

2　同上。

用法宽泛到超出必要的程度，对真理也是无益的"[1]。

我们今天的法学研究也有许多彼此对立的超级词汇，我们因着这些词汇，彼此攻击，营造出一种人为的理论繁荣。但是，我们很少深究这些词汇的缘起，也很少意识到这些彼此对立的词汇本身的模糊性使得它们之间具有一种相容性。

以赛亚·伯林曾将思想家分为刺猬代表的一元论，与狐狸代表的多元论。显然，一元论以及对单一标准的信仰，无论对于理智还是对于情绪，常常被证明是个深刻的满足之源。[2] 但是，一元论的思维却在人类历史上带来了无数的浩劫。

相传，大哲学家奥古斯丁在地中海沿岸踱步沉思时，见到一个小男孩不断地用他的小手将海水掬起，捧到他在沙滩上挖好的小坑。奥古斯丁深感困惑，问小男孩所做何为。小男孩说他要将整个大海装到小坑！奥古斯丁大笑。小男孩却对他说，听说有一个叫做奥古斯丁的哲学家，想要把人类一切的奥秘都用自己伟大的头脑书写出来。奥古斯丁听后非常羞愧。

在法学中，我们一直试图建立一种体系化的理论，但是我们必须认识到任何人造的体系都是有缺陷的，理论的不完美是必然的，总有一些知识在体系之外。今天，刑法学界的许多争论都令人忧虑。法益理论的咄咄逼人，教义法学的高歌猛进，这些超级词汇的舍我其谁让我本能地退却。

有人曾经问我持何种学术立场，我很难回答，因为我的立场

<hr>

1　[英]以赛亚·伯林:《自由论》，胡传胜译，译林出版社，2011年，第207页。
2　同上书，第219页。

根本就是没有立场。

苏格拉底说：我唯一知道的就是自己一无所知。承认自己的无知乃是开启智慧的大门，自认为万事皆知的人只是最大的愚昧，知识分子的傲慢不过是不学无术的另一种表达。

最后，愿我们能以谦卑受教的心聆听斯蒂芬在本书结尾时的谆谆教导：

我们伫立于大雪弥漫、浓雾障眼的山口，我们只能偶尔瞥见未必正确的路径。我们待在那儿不动，就会被冻死；若是误入歧途，就会摔得粉身碎骨。我们无法确知是否有一条正确的道路。我们该怎么做呢？"你们当刚强壮胆"，往最好处努力，不要说谎，我们要睁大双眼，昂起头颅，走好脚下的路，不管它通向何方。如果死神终结了一切，我们也拿它没办法。如果事情不是这样，那就以大丈夫气概坦然走进下一幕，无论它是什么样子，不要做巧舌之辩，也不要掩饰自己的真面目。(P236)

（本文原载《政法论坛》，2018 年 9 月，第 36 卷第 5 期）

审判苏格拉底，读柏拉图《申辩篇》

大家都知道苏格拉底有一句名言：未经省察的人生没有价值。（《苏格拉底的申辩》38A）[1]

这句话正是出自柏拉图的《申辩篇》。公元前 399 年，70 岁的苏格拉底被指控蛊惑青年，不信国教，崇奉新神。在雅典城邦的广场上，苏格拉底对 501 名陪审员做出义正词严的申辩，最终接受了死亡的判决，完成了自己作为雅典牛虻的使命，也留给我们一个永远思考不尽的哲学命题。

阅读《申辩篇》，能够了解苏格拉底至死捍卫的哲学生活，能更好地理解"未经省察的人生没有价值"这句话，也能够让我们触摸到有意义的生活。

1　本文引用版本：[古希腊]柏拉图：《游叙弗伦·苏格拉底的申辩·克力同》，严群译，商务印书馆，1983年。下以角标（斯特方码）代指其在《苏格拉底的申辩》中的引用位置，如（38A）。相关译名和引文段落同时参考：[美]霍普·梅：《苏格拉底》，瞿旭彤译，中华书局，2014年。

《申辩篇》的内在逻辑十分清晰，可以分为三个部分：

第一部分是苏格拉底对非正式与正式指控的两波辩护。

第二部分是在宣布有罪之后，苏格拉底提议的惩罚。

第三部分是在宣判死刑之后，苏格拉底最后的陈述。

一、非正式指控

在迈雷托士发起这次指控之前，苏格拉底早已遭受到很多人的控诉。这些控诉源自部分人的偏见，而当一个人接受了偏见，就会选择性地继续强化偏见，并把这种偏见传递给身边的人。这些人形成了第一批控告者，这种偏见也是迈雷托士控诉的依据和支撑。因此，苏格拉底选择从源头开始，清除人们的偏见。

第一条控告：苏格拉底是无事忙的为非作恶的人，凡地下天上的一切无不钻研，能强词夺理，还把这些伎俩传授他人。^(19B—C)

这条指控认为苏格拉底是自然主义者，不断地探究天上地下的事情，用胡说八道的论证，驳倒大家公认的真理，并教给别人。当时的雅典人认为打雷等自然现象是宙斯发怒的结果或受诸神的影响产生的，但自然主义者对传统观点发起挑战，用规律法则来解释自然事件，因此被认为是不虔诚的无神论者。[1]

第二条控告：听说（苏格拉底）教人，并且藉此得钱。^(19E)

这种指控认为苏格拉底善于狡辩，是游走各地，用智慧收费的智者学派。

1　[美]霍普·梅：《苏格拉底》，瞿旭彤译，中华书局，2014年，第46—47页。

在当时的雅典，有人要想当个政治家，一定要有良好的口才，所以这些人就向智者学派去学习雄辩术。智者学派能言善辩，可以就任何事展开辩论，但是他们不相信辩论的题目有任何意义，通俗来讲，他们的辩论只是一种技巧，并不借此寻求真理。我们通常说"真理越辩越明"，但是智者学派认为根本就不存在真理，所有的辩论都只是技巧的切磋，辩论任何题目都是为了取得胜利。

提出"人是万物的尺度"的普罗泰格拉就是一个典型的智者学派，他有一个著名的"半费之术"的官司：普罗泰格拉教学生如何打赢官司，但他允许学生先交一半学费，等学成后打赢第一场官司再交另一半。但有个学生迟迟不去打官司甚至不想去打官司。普罗泰格拉于是将他告上法庭，并说：不管你赢没有赢，你都需要偿还学费，因为如果法官判你输，那你应该遵守判决，补齐学费；如果法官判你赢，那根据我们的约定，你打赢了第一场官司，所以也需要补齐学费。

而学生却回答道：不管我赢没有赢，我都不需要偿还学费，因为如果法官判我输，那按照我们的约定，我没有赢得第一场官司，便不用补齐学费；如果法官判我赢，那遵从判决，我就不需要补齐学费。

不难看出，智者学派近似当前的相对主义者，不承认矛盾律的存在，不承认真理的存在，宣称关于任何事都有两面自相矛盾的论证。所以只要符合自己的需求，他们能够把黑的辩成白的，可以说一条狗既是狗也不是狗。

针对说自己是自然主义者和智者学派的指控，苏格拉底辩护称这完全是污蔑，自己对自然主义者关心的各种事情根本不感兴趣，同时认为世界上是有真理的，更为重要的是自己传授知识从来不收钱，贫穷就是最好的证明。

那么，对苏格拉底的名声和污蔑都是从何而来呢？

雅典人啊，我无非由于某种智慧而得此不虞之誉。何种智慧？也许只不过人的智慧。^{（20D）}

苏格拉底口中"人的智慧"，就是"无知之知"。他还提到了著名的德尔斐神谕的故事：苏格拉底的伙伴凯瑞丰去德尔斐神庙，提出了问题：是否有人比苏格拉底更智慧？

然而，女祭司拿起签说"没有人更智慧"。这个回答让苏格拉底震惊和困惑，他很清楚自己没有智慧，但是神却说自己是最有智慧的人。

神不可能说谎，苏格拉底就只能去拜访那些以智慧著称的人，但是苏格拉底渐渐发现所谓有智慧的人，不论政客、诗人、匠人，其实都是不懂装懂，还喜欢"跨界发言"，以为自己懂得一切万物。

最终，苏格拉底知道了神所说的智慧，不是样样都懂的肯定性智慧，而是一种否定性的智慧。正是因为承认自己的无知，才最有智慧。

大家可以试想，苏格拉底的这番公开辩护极大地冒犯和惹怒了当时有名望的人，相当于说那些自诩有智慧的人不但没有智慧，反而是愚蠢无知的。

由于这样的考察，雅典人啊，许多深仇劲敌指向我，对我散布了许多污蔑宣传，于是我冒了智者的不虞之誉。^{（23A）}

尽管如此，还是有很多年轻人愿意追随苏格拉底，雅典的年轻人非常喜欢听他省察人们，也模仿苏格拉底试着省察别人。而那些被省察的人们又对苏格拉底生气，说他是最有害的人，把年轻人都败坏了。这就是对苏格拉底的非正式指控及其回应，苏格拉底自称不是智者学派，也不是自然主义者，所做的一切是为了发现真理，只不过他的真理是一种否定性的真理，承认自己是无知的，因为真理属于诸神。

二、正式指控

苏格拉底面临三项正式指控："苏格拉底犯罪，他蛊惑青年，不信国教，崇奉新神。"(24C)

第一条控告：蛊惑青年。

苏格拉底申辩道：教导青年向好当然是最重要的事，迈雷托士说我让青年变坏，那么谁让他们变好？迈雷托士：审判官。苏格拉底进一步问：还有别人吗？元老院的元老呢？议会议员、听审的人呢？迈雷托士最后同意说，所有雅典人都能让青年们变好，只有苏格拉底让青年变坏。

苏格拉底的辩护逻辑是：如果所有人都想让青年学好，那就不需要教育了，就否定了教育是一种独特的技巧。

他还借用"驯马"的比喻结束了辩论：马术师是少数懂马的人，这种少数人才可能做出对马有益的事。如果大家做的事都对马有益，只有一个人做的事对马有害，那就不需要马术师了。

他反问迈雷托士：和好人在一起好，还是同坏人在一起好呢？坏人是否总会随时为害于与之接近的人，好人是否总会随时使同群者受益？迈雷托士：当然。苏格拉底：会不会有人愿意伤害自己，生活在邪恶的公民之中？迈雷托士：当然没有。

苏格拉底马上就抓到了迈雷托士的逻辑漏洞：如果我故意蛊惑青年，一旦这些青年变坏了，那就会让我生活在邪恶的公民之中，遭受他们的伤害。于是，这一条罪名并不成立。

第二条控告：不信国教（城邦诸神）。

这一条主要是迈雷托士控告苏格拉底是彻彻底底的无神论者。

苏格拉底辩白的逻辑很简单：迈雷托士控告自己不信神，但同时控告我信仰新的神，这显然是自相矛盾的。

你想迷惑稍有脑筋的人，相信同一个人会信有鬼神踪迹而不信有神、有鬼、有英灵，世上无此骗人的机关。（27E）

这一套逻辑下来，苏格拉底提醒法官们：当一个人自相矛盾的时候，其实这种人根本不知道自己该相信些什么，而且他们从来没有认真考虑过自己的信念，也就显明他们的正式指控逻辑错落，自相矛盾。

三、苏格拉底真正的辩护

在辩护了他人对自己的控告之后，苏格拉底真正从自身使命出发，严肃地回应了那些污蔑与嫉妒。

苏格拉底一生从事爱智之学，为了这个使命不惜牺牲生命。苏格拉底告诉陪审团，自己是阿波罗神给雅典的恩赐，"神派我一个职务，要我一生从事爱智之学，检察自己，检察他人"（29A），如果雅典人决定对他判处死刑，就会辜负神的恩赐，对雅典人的伤害比对自己的伤害更严重。在某种意义上，苏格拉底不是在为自己申辩，而是在为雅典公民申辩。

每次阅读这一段文字，我都发自内心地感动。

雅典人啊，我敬爱你们，可是我要服从神过于服从你们，我一息尚存而力所能及，总不会放弃爱智之学，总是劝告你们，向所接触到的你们之中的人，以习惯的口吻说："人中最高贵者，雅典人，最雄伟、最强大、最以智慧著称之城邦的公民，你们专注于尽量积聚钱财、猎取荣誉、而不在意、不想到智慧、真理，和性灵的最高修养，你们不觉惭愧吗？"如果你们有人反唇相稽，还说注意这些，我不轻易放过他，自己也不离开他，必对他接二连三盘问，如果发现他自称有德而实无，就指责他把最有价值的当作轻微的、把微末的视为重要的。我遇人就要这么做，无论对老幼、同胞或异邦人，尤其是对同胞，因为他们和我关系较为切近。你们要明白，这是神命我做的事，我认为，我为神办此差是本邦向所未有的好事。（29D—30B）

苏格拉底继续提到了著名的"马虻"的比喻：雅典城就像一只肥得不能再肥的良种马，但是因为它太肥胖了，于是日渐懒惰，需要有马虻的刺激。所以阿波罗神特意派他来到这里，执行马虻的职责，不停地"戳"，不停地唤醒"睡眠中的人"，唤醒、劝告、责备，让他告诉雅典人对焦错了，像他这样的人，再难找到第二个。

你们如果杀了我，不易另找如我之于本邦结不解之缘的人，用粗鄙可笑的话说，像马虻粘在马身上，良种马因肥大而懒惰迟钝，需要马虻刺激；我想神把我绊在此邦，也是同此用意，让我到处追随你们，整天不停对你们个个唤醒、劝告、责备。诸位，这样的人不易并遇，你们若听我劝，留下我吧……我这样的人是神送给此邦的礼物，在这方面你们可以见得：我自己身家的一切事务，多少年来经常抛之脑后，总是为你们忙，分别个个专访，如父兄之于子弟，劝你们修身进德，——这不像一般人情之所为。我若是有所图于此，或以劝善得钱，这还有可说；现在你们亲见，告我的人无耻地诬告了其他一切罪状，却不能无耻到伪造证据，说我要索报酬。我想，我有充分证据证明我说实话，那就是我的贫穷。（30E—31C）

"我想，我有充分证据证明我说实话，那就是我的贫穷。"每次读这句话，真的是不断地在"戳"我的心。苏格拉底告诉陪审团：我不会放弃我的使命，也绝不会因为死亡就放弃自己的使命。他告诉陪审团：如果要以放弃使命为条件获得释放，我选择拒绝，我还会继续从事选择的事业，去省察别人，像马虻一样"戳戳戳"，我要唤醒你们。

我服从神谕超过服从你们，只要一息尚存，我就绝不放弃自己从事的哲学活动。我会规劝你们，向遇到的每一个人阐明真理，我会告诉你们对焦错了，你们的焦点放在身体、财产、名誉上，你们错了。你们要把焦点放在灵魂的最高福祉上。

虽然智慧是人无法企及的目标，但人们仍然应当努力，追逐智慧依然是有意义的，就像我们画不出那个完美的圆，但是我们仍然应当努力，虽不能至心向往之。

阿波罗神命令苏格拉底去医治雅典人的心病，其实雅典人和我们今天的人们是一样的，以功名利禄作为最大追求，但是苏格拉底告诉我们，这完全是对焦错误，我们应该追求智慧这个不可企及的目标，我们要省察我们的人生，而不是追逐金钱、名誉和政治权利。

所以，苏格拉底不认罪，不求情。不仅不认罪反而要请功，不仅不求情反而还在"戳"陪审团。不悔不改，是生是死，但凭天命。

四、苏格拉底最后的陈述

由 501 名雅典公民组成的陪审团，在听完苏格拉底的申辩后进行投票，最终以 281 票对 220 票判决有罪。

尽管被大多数陪审员认为有罪，但是苏格拉底还是有机会提议用"流放"或"罚款"来代替"死刑"。

可是苏格拉底的建议居然是应该得到应有的奖赏而不是惩罚，作为神给雅典的恩赐，他是公众的祝福者，需要闲暇从事哲学思考，还应该在政府大厅用膳（在古典时代，在政府大厅用膳是极少数人能够享有的荣耀，需要 6000 人以上参加的公民大会才有权核准）。苏格拉底最后重申了自己的使命，勤勉地对待神谕，绝不缄默，绝不保持沉默，因为沉默就是违背神谕。

最后，他说了一句人类历史上掷地有声的话：未经省察的人生没有价值。法庭自然没有接受苏格拉底的建议，苏格拉底宁愿因自己的措辞而死也不愿意以失节的言行苟活，他接受了死刑，并且从容地探讨了死亡。

诸位，逃死不难，逃罪恶却难得多，因此罪恶追人比死快。

我又钝又老，所以被跑慢的追上，控我者既敏且捷，所以被跑快的——罪恶——追上。现在我被你们判处死刑，行将离世，控我者却被事实判明不公不义，欠下罪孽的债；我受我的惩罚，他们受他们的惩罚。

我对你们说，杀我的人啊，帝士为证，我死之后，惩罚将立即及于你们，其残酷将远过于你们之处我死刑。现在你们行此事，以为借此可免暴露生平的隐匿，可是，我说，效果适得其反。将来强迫你们自供的人更要多，目前被我弹压住，你们还不知道呢。他们年轻，更苛刻，更使你们难堪。你们以为杀人能禁人指摘你们生平的过失，可想错了。这种止谤的方法绝不可能，又不光彩；最光彩、最容易的不在于禁止，却在于自己尽量做好人。(39A—B)

苏格拉底还告诉人们，死亡并不一定是一件最大的坏事，死后无非两种可能：一种是什么都不存在了、没有任何感觉，就和安眠、沉睡一样，没有什么好可怕的；另一种就是灵魂转移到其他地方，那么他就有机会和人类历史上最伟大的那些人对话了，比如荷马、赫西俄德等等。最后，苏格拉底向雅典公民嘱咐说，即便死后，他仍然希望自己的儿子能够关心德性胜过功名利禄，希望民众能够像自己对待雅典公民一样对待自己的儿子，不断警醒他们要省察，要去过值得过的生活。

五、三个问题

读完了《苏格拉底的申辩》，我想问大家三个问题。

（一）大家觉得苏格拉底否定性的智慧和智者学派的相对主

义有什么区别呢？

苏格拉底不断地驳斥人们那些自以为拥有智慧的人，相对主义者也是不断地辩驳他人。但是两者有根本性的区别，因为苏格拉底认为世界上有真理，只不过人类对真理的认识太有限了，所以人拥有的智慧是否定性的智慧，承认自己的无知，乃是开启智慧的大门；但是相对主义者却认为，一切的辩论都只是为了利益，没有真理，没有绝对的对，也没有绝对的错，但这恰恰反映了智者学派严重的逻辑漏洞，因为这句话本身就是绝对的。

也有同学提出，苏格拉底说"我只知道一件事，那就是我一无所知"，也是自相矛盾的。

表面上好像真的很相似，难怪会有人认为苏格拉底是智者学派，但苏格拉底是为了追求真理，智者学派是为了消解真理。苏格拉底的话其实是一种比喻，因为苏格拉底肯定是触摸到了真理，才会感到在真理面前，自己所知的根本不值一提，就像杯中的水面对广袤的大海一样不值一提。这就是为什么当你知道的越多，你越觉得自己什么都不知道。

智者学派是似是而非，而苏格拉底是似非而是。

（二）苏格拉底为什么要一再地激怒陪审团？

请大家注意，苏格拉底是在用生命践行使命，苏格拉底通过这次审判告诉陪审团：你们以为你们的审判是公正的，其实你们是无知的，审判是不公正的。我在任何时候，都能够诚实地对待我的使命，但你们作为雅典票选出来的陪审团，发誓要按诸神的意志来审判，你们却做不到。

如果大家对这次审判的后续感兴趣，还可以继续阅读柏拉图的《裴洞篇》（即《斐多篇》），记载了苏格拉底死前在监狱里和朋友们相伴的日子，记录了他们当时进行的主要是围绕"灵魂"的哲学讨论。

（三）你有没有值得一生追寻的使命？

我们都应该问问自己，有没有找到能够为之生也为之死的信念和使命，这种信念和使命能够让我们超越有限的人生。

苏格拉底的审判发生在公元前 399 年，当时的柏拉图 28 岁，七年之后的公元前 392 年，柏拉图写下了这篇《申辩篇》。我不知道他当时回忆起他的老师，内心是什么感受，但是我想他一定会被他老师崇高的人格和伟大的志向所激励。

据传，柏拉图在写作《论灵魂》的时候，他向学生宣读，只有一个学生坚持听完，这个学生就是亚里士多德。

公元前 385 年，也就是在苏格拉底审判后的第 14 年，雅典大会重审苏格拉底案，自然成功平反，并宣告诬告者迈雷托士死刑，并将其他的诬告者全部驱逐出雅典。当时的雕刻家留西波斯为苏格拉底创作了一座雕像，作为平反的一项举措。

读《会饮篇》，理解爱的严肃与崇高

　　《会饮篇》记叙了在一次酒宴中，苏格拉底与几位古希腊智者对小爱神"爱若"[1]的赞颂与逻辑探讨。

　　古希腊的爱神是阿芙洛狄忒[2]，但她并不直接影响人类的爱情，真正对于爱情起作用的，是被称为"小爱神"的"爱若"。

　　所以《会饮篇》也被称为《论爱情》，阅读这本书能够帮助我们理解"爱"的本质。

一、《会饮篇》的内容概要[3]

　　每年的酒神祭典，古希腊人都会在露天剧场举行戏剧会演，并由在场的3万观众评定优胜。这一年，阿伽通的第一部悲剧就

1　即Eros，亦作爱若斯，在罗马神话中演变为"丘比特"。

2　即Aphrodite，亦作阿芙罗狄蒂，在罗马神话中演变为"维纳斯"。

3　内容概要经由本书编辑根据本人讲座整理加工，在此表示感谢。

获了奖，他在第二天举行了庆祝酒会。

参加这次会饮的都有：阿伽通的恋人包萨尼亚、修辞学家裴卓（也有人译为"斐德若"）、喜剧作家阿里斯多潘、医生鄂吕克锡马柯、阿伽通以及苏格拉底。六人按照上述顺序围坐入席。

众人用过餐后，照惯例应当开始饮酒诵诗，但是阿伽通表示他前夜为了庆祝饮酒过量，无力再饮；席上的医生也建议众人节制饮酒。大家讨论一番后，决定以裴卓提议的话题轮番发表演说。这个话题是：礼赞爱神。

裴卓：爱可以激发人的勇气

最先发言的裴卓，他的讲辞通篇都在告诉大家，爱情可以激发人的勇气。主要有两个观点：一是认为爱神是最古老的神祇，由此可见其地位；二是认为爱神能使相爱的人变勇敢，特别是让"爱人"勇敢。

裴卓是一位美少年，在爱情中处于被爱的一方，通常也被认为是比较弱的一方。所以他特别想表达自己作为爱人的"不弱"，也就是勇敢。[1]

1　古希腊，在贵族阶层流行成年男性与少年的恋爱关系，也近似师生关系。成年男性作为"爱的一方"，承担传授智慧、教育保护少年的主动角色，被称为"情人"；少年作为"被爱的一方"，通常在12—17岁，向长者学习知识与技能，被称为"爱人"。请注意，两名成年男性之间的爱情在当时会为人所不齿。被爱一方会被认为缺乏阳刚气质，而爱的一方则会被认为无法克制欲望。阿伽通和包萨尼亚就是一对成年的同性情侣。

包萨尼亚：追求美德的爱情才值得赞扬

包萨尼亚将爱神分为两位：天上的爱神和凡间的爱神。希腊神话中，第二代天帝乌拉诺[1]，被儿子们砍碎投入大海，海中涌出白浪，乌拉诺变身为天上的爱神。凡间的爱神，则是宙斯和他的女儿宙尼生下的。

天上的爱神出身与女性无关，其爱情对象只是少年男子，也不会荒淫放荡。而凡间的爱神由男女生出，其爱情对象可以是少年男子，也可以是女子，并且眷恋的是肉体而不是灵魂。

包萨尼亚认为，我们在赞美之前要先分清对象，只有属天的爱神才值得赞美。爱情本身不分美丑，全由行为的方式决定。钟爱优美品德的人是高尚的；爱肉体过于爱灵魂的人是卑鄙的，因为"一旦（所爱之人）肉体的颜色衰败了，他就远走高飞，毁弃从前的一切信誓"。（《会饮篇》183E）[2]

（包萨尼亚的发言其实也是在为自己辩护，因为40岁的他跟30岁的阿伽通依然保持恋人关系，这在当时是与社会习俗相抵触的，会遭人非议。）

鄂吕克锡马柯：爱情使万事万物达成和谐状态

鄂吕克锡马柯作为一名医生，代表了技术主义的观点。他首

1　Uranus，又译乌拉诺斯，天王星的名字即来源于此。

2　本文所引用版本：[古希腊]柏拉图：《会饮篇》，王太庆译，商务印书馆，2013年。下以角标（斯特方码）代指其在《会饮篇》中的引用位置，如（183E）。

先肯定了包萨尼亚"两个爱神"的观点，但是又补充说爱情所司掌的领域不仅仅在人世间，而且包括动、植物在内的一切存在物都依照爱情的规律运行。人的身体中有健康与不健康两种爱情的存在，对立的事物（冷热、干湿等）之间互相克制，而医生可以通过医术变相克为相生，以此达到让身体中产生和谐的目标。

不仅如此，音乐的和谐、四季的推移、星辰的变动都是出于爱神的多方面、巨大的、普遍的威力，只有当她以公正和平的精神在人类和神祇之间成就善事的时候，才能使人们友好相处，得到幸福，并与诸神维持敬爱的关系。

阿里斯多潘：爱情令人变得完整

阿里斯多潘提出了一种有趣的"圆球理论"，说爱神最伟大的地方，在于她治好了人类的一种病。

从前的人有三种性别，太阳生下男人，大地生下女人，月亮生下亦男亦女的"阴阳人"。不仅如此，人从前就像太阳、大地、月亮一样，是一个圆滚滚的形体，腰和背都是圆的，圆圆的头上，一前一后两张脸，四条胳膊四条腿，其他器官都翻倍。走起路来，可以随意向前或向后。快跑起来，就像杂技演员翻筋斗，可以滚得非常快。

当时人们非常强壮，企图和诸神交战。诸神不愿意灭绝人类，最后宙斯想出个办法：把人类劈成两半，不仅人的力量削弱了，而且数量还增加了。

被劈开的人总想找回另一半，合拢恢复成完整的样子。因此，人与人之间就产生了相爱的欲望，要治好被劈成两半的伤痛，这也是存在异性恋和同性恋的原因。

阿伽通：爱是从满溢流向匮乏之处

阿伽通认为前面的人赞美爱神，都是在赞美其所给予的幸福，而不是真正地赞美爱神本身。要赞美爱神本身，应该先说明爱神是什么。他认为爱神是一个年轻、娇嫩、柔韧和平、远离暴力、公正审慎、勇敢无畏、充满智慧的最美最善良的神祇。爱神不仅自己美丽善良，而且也产生所有美好善良的事物。

在《会饮篇》最开始的时候，阿伽通要挨着苏格拉底坐，因为智慧就像满满的一杯水，通过一根毛线，就可以从充满智慧的人那里流进空虚的人心里。在阿伽通看来，爱情也是如此，是满溢流向匮乏之处。

苏格拉底：爱就是寻找永恒的美本身

苏格拉底不同意前面几人对于爱神的颂词，他认为这些人的颂词都只是为了颂扬而颂扬，以至于把许多不符合爱神的东西强加于其上。与其说这是在颂扬爱神，倒不如说是一群智者和雄辩家在比赛口才。

批评完几人颂词的不真诚后，苏格拉底要求用"自己的方式"来称颂爱神。

苏格拉底先通过对阿伽通的一系列询问，得到了一个共识："爱神首先是对某某东西的爱，其次是对他所欠缺的东西的爱。"^{（201A）}

而阿伽通在他的颂词里说，爱神追求的是美的东西。在《会饮篇》的语境里，美与善（好）是可以互换的，基于这个结论，爱神也不可能是善（好）的。

随后，苏格拉底开始了他对于爱神的赞颂，他说自己关于爱的知识都是从女先知狄欧蒂玛那儿得到的，他开始转述狄欧蒂玛的观点：

首先，爱神是匮乏之神贝妮娅和丰饶之神波若的孩子，他兼具其父母的特点，既缺乏美好，却又不坏；既不贫穷，也不富裕；既缺乏智慧，却也并不无知。因为一切神祇都是美的，所以爱神事实上并不是神祇，而是介于会死的凡人和不死的神祇之间的大精灵，居于二者之间，将人与神祇连成整体。

其次，当人们追求爱时，美的东西并不是他的最终目的，其最终的目的是在美的东西中生育繁衍。一个人想要永远拥有美的、好的东西，必定会要追求永恒，而生育正是人类通往永恒的途径。

最后，凡人通过生殖所能达到的不朽并非真正的永恒，只是在新事物替代旧事物的不断变化中维持不灭。通过生育达到的人类形体、灵魂、知识、美德的不朽只是永恒的影子，并非神祇所拥有的永恒。永恒是永远存在，并且始终如一，从不变化的。

爱神的存在就是为了帮助人们去追逐永恒，在爱人身上发现我们原初的美好。爱其实就是寻找美的过程。所有人都爱的美好，就是美的源泉，那永不变化的美本身。

阿尔基弼亚德

当苏格拉底说完，闯进来一个醉汉阿尔基弼亚德，一副酒神的装扮，头上戴着常春藤和紫罗兰编的花冠，手上缠了很多飘带。他是雅典出了名的贵族美男子，但轻浮好名，最终在伯罗奔尼撒战争中出卖雅典。

阿尔基弼亚德把飘带缠到了苏格拉底身上，暗示了苏格拉底关于智慧讨论的胜利。他转而控诉起苏格拉底，声称自己曾经用美色来引诱苏格拉底，想换取智慧，但是苏格拉底却不为所动。说完之后，阿尔基弼亚德又称赞苏格拉底克制、勇敢，追求美德与智慧，是一个真正将高尚的思想用到言行上的人。

《会饮篇》内容基本如上所述。

二、关于《会饮篇》的探讨与思考

受限于时代背景，在古典典籍中，常常流露出对女性不够尊重，但是在《会饮篇》中，最有分量的发言，恰恰来自苏格拉底所引用的女先知狄欧蒂玛的话。

苏格拉底关于爱的论述，被很多人认为是一种自恋式的爱。因为我在爱人身上找到了一种抽象的爱。又因为这种抽象的爱，我要顺着爱的阶梯不断地往上爬，以使自己能够变得更好。

如果我们爱人只是在具体的人身上去寻找一种爱，是不是把对方当成了攀登爱的阶梯的工具？这也是很多人对柏拉图的爱情观的误解，要弄清这个问题，重点要理清三组矛盾：

1. 灵魂与肉体，到底哪个更重要？

2. 自足与缺乏，两者具有怎样的张力关系？

3. 抽象和具象，哪个更值得去爱？

灵魂与肉体

很多人认为，古希腊人重视灵魂，不重视肉体。但是在《会饮篇》中，从喜剧作家阿里斯多潘提出的"圆球理论"中，我们会发现他们并没有排斥肉体结合，而且认为人与人肉体的结合恰恰是为了追寻最初的圆。

苏格拉底一直认为灵魂是高于肉体的，但在《斐德若篇》里，他把人的灵魂比作一驾马车，一匹象征高尚情操的白马，一匹象征肉体欲望的黑马，同时还有一个驾驭灵魂的骑手。这三种力量缺一不可，肉体欲望的满足并不是毫无意义的。欲望的满足，都是为了灵魂更高的追求。

换言之，我们越追求灵魂的高尚，越是对肉体的满足有一种感恩，而不要为了追求灵魂的高尚就贬低肉体的享受。吃一顿美食，喝一杯美酒，看一场好电影，这些都不应该视作错误。

当你举目望天，你并不会失去地上的美好；但你只注目于地下，你永远不知道天有多么的美好。所以喝酒吃肉没错，只不过我们不要沉溺于黑马的享受，我们还有一匹白马和灵魂的骑手，这个三角形恰恰才是一个稳定的三角形。

所以从这个意义上来讲，虽然古希腊人认为灵魂是高于肉体的，但是肉体并不是一个不堪的、沉重的、邪恶的牢笼。

人的肉体满足都是为了更好地去追求灵魂，所以我们的理智需要情感的节制，我们的情感也需要理智的限缩。

自足与缺乏

阿伽通觉得自己是自足的，他的爱会满溢出去，但你会发现他其实是"缺啥补啥"。因为阿伽通是一个接受爱的爱人，本身就是缺的一方。人常常通过语言来掩饰自己的缺乏。我们一定是缺乏爱，才会去追寻爱。

所有神祇都不从事爱智活动，并不盼望自己智慧起来，因为他们是智慧的，已经智慧的就不去从事爱智慧的活动了。无知之徒也不从事爱智慧的活动，并不盼望自己智慧起来。因为无知的毛病正在于尽管自己不美、不好、不明白道理，却以为自己已经够了。不以为自己有什么欠缺的人就不去盼望自己以为欠缺的东西了。

所以，自足状态的神祇不会去追求爱，他的爱自足丰盈到满溢出去，他是因此而爱人的；没有意识到自己缺乏的人也不会追求爱，阿伽通就过于自恃，以为自己的爱是自足的；真正会追求的就是介于两者之间的人，就是承认自己无知并且爱智慧的人。

我们是缺乏的，同时不断地朝不缺乏状态去追寻。尤其是对于智慧，我们始终处于智慧的缺乏状态，承认自己的无知乃是开启智慧的大门。

抽象和具象

在苏格拉底的视野中，我们为什么要爱？因为我们在被爱者中看到了我们自己，所以我们爱他是把他当成了一个工具，让我们能够走向更好的自己。

也就是说，我爱一个人并不是因为他独特，而只是因为他身上有一种吸引我的美好的气质，而这种气质可能放在张三身上，也会让我爱上他。很多人无法接受这样的观点。

但这可能是对苏格拉底的一种误读，他说我们这一生的学习都只是回忆。在爱情中，我们能够在爱人身上，回忆起原初的美好，看到自己能够达到的更好的状态。

我们在对方身上看到了自己，并不是看到了现在的自己，而是看到了过去的自己，并因此看到了将来，希望自己变成更美好的人。

我们在爱人身上放弃了自我，又发现了自我。因为我们回忆起我们原初的美好，回忆起我们的过去，并且盼望我们的将来。所以我的自恋不是对我现在的自恋，而是对我原初丢弃的美好的一种回忆。

但是苏格拉底留下了一个没有解决的问题。当我们放弃自我并发现了自我，我们还能真正地重塑自我吗？我们的重塑自我要不要放弃面前这个具体的人呢？

当我在他身上发现了我原初的美好，我爱上了抽象的美好，开始不断向美好的目标攀登，会不会就把面前具体的人抛弃了？

在我个人看来，我希望变得更好，也希望我的爱人能够变得更好。在具体人中发现抽象的美，从抽象的美中更好地爱具体的人，可能会达成一种美好的状态。

而当我们没有变得更好的时候，往往会羞愧难当。最后闯来的阿尔基弼亚德，在苏格拉底身上看到了可以去追逐的那种美好状态。但遗憾的是，他最终没有追逐上，活成了自己所厌恶的样子。

你看到了一个美好的状态，但是你最终依然离这个美好的状态如此遥远。或许阿尔基弼亚德最后的背叛，是不是也隐喻着希腊哲学中一个无法解决的鸿沟——知道与做到？

很少有哪个词语像"爱"一样被庸俗对待，但却可以承载真正的严肃与崇高。我们爱，因为我们匮乏；我们爱，因为我们希望超越每日的锱铢必较。在爱中，我们放弃自我，发现自我，重塑自我。

我们回忆起人性失落的美好，并希望告别当下的平庸苟且，攀登美善的阶梯。愿我们能为尘世中每次正当的满足而感恩，不悲伤、不放纵、不羞愧，一无所惧，在爱中臻于至善。

找到你的玫瑰花

我非常喜欢圣埃克苏佩里的《小王子》，读过很多次，每次看都有很多感触。《小王子》是一本儿童文学，但也很适合成年人看。不管我们是什么样的年纪，都希望大家有一颗孩童般的心，能够心中向善，保持好奇心、求知欲和对正义的渴慕。

遥远星球 B612 上的小王子，与美丽而骄傲的玫瑰吵架负气出走，在各星球漫游。在第一颗星球，他遇见了一位傲慢的国王；到了第二颗星球，他看见一个虚荣的人；第三颗星球上住着一个爱喝酒的人，他想用喝酒来忘记自己的羞愧，但他所羞愧的却是爱喝酒这件事本身；第四颗星球上有一个只喜欢赚钱的生意人；第五颗星球的点灯人在不停地工作，每天忙得晕头转向；第六颗星球住着一位学者，他写了许多的书。"大人真是非常奇怪啊！"在星球之间旅行的小王子这样说道。

最后，小王子来到地球，地球上有 111 位国王，7000 个地理学家，90 万个做生意的人，750 万个爱喝酒的人，3 亿 1100 万虚荣的人，其中肯定也包括我。

地球涵盖了之前六个星球上几乎所有的人。当我读到这里时，我总是觉得作者是不是在提醒我们，权力、知识、金钱、放纵、虚荣，都无法让内心拥有真正的宁静，它会让你越来越孤独，让你自以为是地觉得是个大人？在这七个星球里，小王子唯一愿意交朋友的是点灯人。因为他觉得，点灯人是唯一不荒唐的人，这也许是因为点灯人那么忙碌，却不是为了自己。

小王子爬上了高山，他站在峰顶一眼就能看到地球上所有的人，他向世界说"你好"，但是听到的只有回声。

"你好，"他很有礼貌地说。

"你好……你好……你好……"回音说。

"你是谁？"小王子说。

"你是谁……你是谁……你是谁……"回音说。

"做我的朋友吧，我很孤单，"他说。

"我很孤单……我很孤单……我很孤单……"回音说。（《小王子》P84）[1]

大家是不是也经常有这样的感觉，朋友圈的朋友越来越多，但是好像越来越孤独，当你向身边的人说"你好"，你听到的却只有回声，他们只会重复他们说的话。

但在这时，小王子在一棵大树下，遇到了一只很漂亮的狐狸。

"来跟我玩吧，"小王子提议说，"我很难过……"

"我不能跟你玩，"狐狸说，"我没有经过驯化。"（P88）

1　本文所引用版本:[法]圣埃克苏佩里:《小王子》，李继宏译，天津人民出版社，2013年。下以角标（P+页码）代指其在《小王子》的引用位置。

小王子疑惑地问狐狸："'驯化'是什么意思？"狐狸这样告诉他——

"这是常常被遗忘的事情，"狐狸说，"它的意思就是'创造关系'。"

"创造关系？"

"是啊，"狐狸说，"对我来说，你无非是个孩子，和其他成千上万个孩子没有什么区别。我不需要你。你也不需要我。对你来说，我无非是只狐狸，和其他成千上万只狐狸没有什么不同。但如果你驯化了我，那我们就会彼此需要。你对我来说是独一无二的，我对你来说也是独一无二的……"（P90）

真正的关系都需要投入时间，需要在芸芸众生中找到一种固定的关系。所有的爱都是对具体人的爱，如果你生命中有5000多朵玫瑰花，当你站在高山之巅向它们表白时，你能听到5000多个回声说"我爱你"，但是你一定会感到孤独。"但如果你驯化了我"，一切都会变得不一样。

"我的生活很单调。我猎杀鸡，人猎杀我。所有的鸡都是相同的，所有的人也是相同的。我已经有点厌倦。但如果你驯化我，我的生活将会充满阳光。我将能够辨别一种与众不同的脚步声。别人的脚步声会让我躲到地下。而你的脚步声就像音乐般美好，会让我走出洞穴。还有，你看。你看到那片麦田吗？我不吃面包。小麦对我来说没有用。麦田不会让我想起什么。这是很悲哀的！但你的头发是金色的。所以你来驯化我是很美好的事情！小麦也是金色的，到时它将会让我想起你。我喜欢风吹过麦穗的声音……"

狐狸久久地凝望着小王子。^(P92)

小王子向狐狸询问如何才能"驯化朋友"。

"你要非常有耐心。"狐狸说，"首先，你要在离我有点远的地方坐下，就像这样，坐在草地上。我会偷偷地看你，你不要说话。语言是误解的根源。但你每天都要坐得离我更近一点……"^(P94)

狐狸还告诉小王子一个秘密："看东西只有用心才能看得清楚，重要的东西用眼睛是看不见的。"说实话，我们这一生都在追逐看得见的东西，权力、金钱、名望……这些不可能给我们带来真正的满足。重要的东西用眼睛是看不见的，是要用心去感受的，正是你为你的玫瑰付出的时间，使得你的玫瑰是如此的重要。但你千万不要忘记，你要永远为你驯化的东西负责，你要为你的玫瑰负责。玫瑰花上是有刺的，它会刺痛你，经常让你感到痛苦，但你还是要对它负责。

你说这个世界上有那么多的玫瑰，为什么要在这一朵玫瑰上投入全部感情，为什么不能住到花园里去？苏格拉底说，人心中的欲念是一个筛子，筛子装不满水，无论多少东西都填满不了人心，所以人的欲望一定要限定在一个具体的事情上，这样你才会有真实的满足感，否则你不可能有满足感。

关于什么是真正的爱情，人类似乎始终有两种针锋相对的观点，一种认为所有的爱都是基于某一个具体的个体，就像小王子说的，我们要在具体的个人身上投入我们的情感，投入我们的时间，通过仪式来驯化他，也让他来驯化我们。

当然还有一种爱是抽象意义上的爱，觉得我爱的只是一个抽象的对象，是随机的个体，如果在同时同地我碰到了另外一个人，我也会爱上他，就好像莎士比亚的《仲夏夜之梦》。张三爱上了李四，李四也爱上了张三，但是王五也爱上了张三，赵六又爱上了王五，爱得错综复杂。后来有张三和李四私奔，在森林里面碰到一个小精灵。小精灵乱点鸳鸯谱，趁他们睡着偷偷滴了药水，让他们会永远爱上看到的第一个人。结果整个局面更乱了。李四和王五都爱上了赵六，张三被所有人抛弃。小精灵还把一个人变成了驴头，仙后居然还爱上了这个驴头人身的人。

《仲夏夜之梦》提醒我们，我们的爱有时候经常飘忽不定，我们爱的似乎是抽象的对象。你在一个特殊的时间点爱上了他，但是你爱的其实不过是他的某种气质，而这种气质投射在另外一个人身上，你也会轻而易举地爱上他。

于是问题就出现了，到底是《小王子》这种具象的爱，还是《仲夏夜之梦》那种抽象的爱，更真实、更能让人获得最大的满足和喜乐？

我的想法是折中的爱。我们把爱投放在具体的个体身上，但会在他身上发现抽象意义的美好。正是这种抽象意义的美好，让你愿意和具体的个体产生驯化关系。

当你驯化了一个具体的个体，你就要为你所驯化的对象负责。你越为抽象感到动容和美好，你就越希望在你所爱的具体个体中升华这种抽象。这就是为什么我们在爱中能够体悟到抽象，我们在抽象的美中能够更好地爱具体的个体。

如果你的爱是一种泛化的爱，有爱天下之人的大爱，但是你唯独没有对你身边的人的爱，那是一种虚伪的爱，一种自恋的爱，一种伪善的爱。

小王子在玫瑰花中感到了他的责任，他的幸福，他的驯化。虽然所有的爱都是有痛苦的，但是同时他在对玫瑰花的爱中，升华了他的爱，他看到了爱的共相，看到了一种抽象的美好。玫瑰花一定会有刺，幸福和痛苦是不矛盾的，快乐和痛苦并不一定是反义词，没有痛苦作为参照，你就不会知道快乐有多么弥足珍贵，很多时候都是痛并快乐着。

玫瑰花终究有一天会枯萎，朱颜老去、花瓣枯萎的时候，我们是不是要换一种花呢？我想不是的，因为狐狸告诉了小王子，真正的爱，当你驯化了他，你要对他负责。所以，小王子告诉孤独的飞行员："无论是房子、星星还是沙漠，它们都是因为某种看不见的东西而美丽！"

玫瑰花是具体的、能看见的，但是美丽是抽象的、看不见的。我们终其一生都是为了在具体的个体上，觉察到看不见的美好和责任，所以一定要把我们的责任、我们的幸福放在具体的人身上。

星星对不同的人来说有不同的意义。对旅行的人来说，星星是指路的向导，对有些人来说是细微的亮光，对学者来说是研究课题，对生意人来说是财富，但对所有这些人来说，星星是沉默的，只有你的星星和别人的不同。如果你爱上了一朵生长在某颗星球上的花，当你抬头望着夜空，会感到很甜蜜，仿佛所有的星星都开满了鲜花。

在芸芸众生之中，我们被选择在一个具体的个体身上投放我们的时间，通过各种仪式，我驯化了他，他也驯化了我，我们开始经营。在经营的过程中会被刺伤，会流泪，会痛苦。但是有一天我们爱上了风吹麦浪的声音，我们看到了他的与众不同，正是因为这种美好，我们愿意为我们所驯服的对象负责。

小王子为了找回那朵玫瑰，甚至不惜牺牲生命，也许这是爱。单纯欲望的满足会让人觉得无限的空虚，爱一定是在具体的个体身上投入你的感情，你的时间。

这个世界那么的大，那么多的城市，但是有一个城市让你觉得与众不同，不就是因为那里有爱的朋友吗？你不会觉得完全陌生的城市很特殊，因为你跟它们没有建立友谊，你跟它们没有建立关系，你没有驯服它们，它们也没有驯服你。

希望我们每个人都依然拥有小王子那颗清澈的心，去感恩与珍惜你的那朵玫瑰；如果你还在寻找，也祝福你能够找到自己的玫瑰花，但请注意真正的爱是要用时间、真心、责任，用你的牺牲去守护的。

六、对 话[1]

我的青铜时代

2021 年 6 月 7 日 腾讯新闻《我的青铜时代》访谈

陈——陈晓楠；罗——罗翔

陈：很多人问我什么是青铜时代，对于游戏玩家来讲，"青铜"意思就是新手，而很多人知道的，罗丹的那个著名的雕塑作品"青铜时代"，它的意思是人类觉醒、摆脱蒙昧。

在我的理解当中，青铜时代或许也可以解释成是一个人最初认清自我，也认定未来道路的那个重大的人生时刻。

其实我们的少年和青春时期真的很像一块橡皮泥，在痛苦和梦想当中揉捏成各种样子，而青铜让我们的人生第一次有了金属的质感。

少年时期

陈：听说小炒黄牛肉，是您的名菜？

罗：我会炒，我们湖南菜得足够辣！

陈：小时候，你爸妈是不是也经常做这菜？

罗：对啊，小时候是经常做，但是小时候呢，觉得父母很奇怪，父母喜欢吃芹菜，不喜欢吃肉。后来才发现，他们把肉主要给我吃。

陈：然后跟你说的是"我就爱吃那个"。

罗：对对，好像天下父母都那样。所以就是感觉到越是免费的东西越是宝贵的，像阳光、空气、父母的爱，这些都是钱买不到的。

陈：在你生长的那个地方是什么样的县城？

罗：我们是一个很小的县城，在湖南省的南部。我们那条街就叫五一路，是一条主街，主要就是围着这条街建的，有一条河叫耒水。

陈：你小时候是独生子女，是吧？

罗：对啊。那时候非常罕见，那时候因为孤独，所以我有的时候会请乞丐到家里来，给他们倒水，给他们吃的，弄得我爸妈非常生气。我估计他们心里肯定是很烦的，但是他们还是会给他做个饭。

陈：但是他们完成了一个孩子自己觉得对别人的善意。

罗：现在你会发现那种善意，其实主要还是一种抽象意义上的。因为责任不是你来承担，责任是由别人来承担，但你享受了那种"你感觉做好事"的快感，但责任你没有承担。

陈：那当时，小县城里真正走出去的人多吗？

罗：很少。我们那个时候，可能像我们这种县城的年轻人就是两条路，一条是北上，一条是南下。北上的可能主要是读书，南下其实主要就是去打工。我的很多同龄人就是去广东打工。

陈：有很多人的命运慢慢就跟你分岔了，是吧？

罗：初中那时候贪玩，我有个朋友成绩特别好。我记得暑假的时候，去他家就经常找不到他，他爸妈说他病了。开学了还没来，后来才了解到他不是病了，是被抓了，那时候他才14岁多一点。社会上的混混去抢劫，让他去望风，然后他就去了，后来就被抓了。有的时候想，如果他那天叫我去，我会不会去望风呢？我现在肯定是不会，但是回想到那个时间点，我不敢想象。所以人生很多特殊的时间节点，你只能把它归结于命运。

陈：当这些往事跳出来的时候，就这种命运感，会让你有什么感觉？

罗：敬畏、惶恐。就是让你觉得你要演好现在所演好的剧本，因为它本来都不属于你，像很多我这个年纪的去南下打工，非常地辛劳，甚至还有些人都已经不在人世。

陈：这种敬畏会让你觉得，就是命运给你的东西，你要好好攥住。

罗：那肯定，因为这一切是你所不配的，所以要回馈。

大学时期

陈：这个就特别有典型的小镇青年，天之骄子这种感觉哈，一路开挂了，一下子考到北京。

罗：我第一次到北京，觉得好大。当时，来宿舍第一天晚上，

我就买了几瓶啤酒。我说："来，初次见面我们晚上……"

陈：你那个不安分的少年又（出来了）。

罗：对呀，我本身就是一个不怎么循规蹈矩的孩子，只是因为被管束着。到了大学，放浪形骸，率性而为。经常和同学喝酒，放声歌唱，还会骑着自行车绕着北京城转，甚至还会骑到天安门广场。有一次骑自行车去的时候，胎都没气了，我也坚持骑到了。

陈：哈哈哈，那时候你们在唱什么呀？

罗：《海阔天空》，粤语歌。虽然我在广东的同学面前不唱粤语歌，但是在别的同学（面前）唱粤语歌，是完全能唬住他们的。

我们那个时候还喜欢开湖南老乡会，我们互相抱怨，说其他省的人好蠢，辣椒都不吃，居然吃馒头不吃大米，这怎么搞的？！我们一直说，惟楚有才，于斯为盛。岳麓书院写"大江东去，无非湘水余波"。后来我续了一句，"大海东流，无非耒水涟漪"。

就是你很狂妄的，而且很夜郎自大。

有一次开湖南老乡会，他们没叫我，我问："为什么不叫我？"别人说："今天开的是长沙老乡会，是省城老乡会，你又不是省城的，叫你干吗呀？长沙话你会说吗？"后来我问另一个长沙的同学："他们今天怎么没叫你，你不长沙的吗？"他说："别人今天是长沙市的老乡，我是长沙县的。"所以那时候，你就觉得自己真的是很愚蠢，用这种所谓的省际划分，划出来的优越感。

陈：瞬间也会崩塌。

罗：对，就简直是愚不可及。

求学时期

罗：1999年在政法大学读研的时候，有一天，突然有人带来了一个很"奇特"的人，跟我们相比较，穿着就很破嘛，身上还有一些味道。（那人）说这是谁谁（室友）的老乡，晚上就睡我下铺。我说"可以啊"。后来才发现他是一个来寻求帮助的农民。我们就帮他去处理，帮他做法律援助。其实，我也不觉得我们帮了多少忙。我印象很深刻的是后来他离开我们宿舍了，就睡在学校地下通道里面。他不好意思（再继续睡在宿舍），那时候是冬天。

陈：虽然你们很热情，可是他觉得好像打扰到你们。

罗：对啊。最后我们说："你赶快回去，你在这待着没什么（作用）。"然后我们借给他一点钱，他就回去了。

陈：那是你人生中第一次看到，一个在绝境中求助的人，是吧？

罗：以前经常就是偶尔空谈，空谈完之后喝得醉醺醺的，甚至抱头痛哭，但这些东西都很虚。现在，这是一个真真实实的人来到你们面前，而且当你看到了他的案件，你会发现法律是可以帮助他的，然后你就觉得很有意义。每个案件，它影响了一个人的一生，影响了一个人的一家。

陈：所以他是第一次把那个东西活起来了，就在你们面前。

罗：对。现在我闭上眼睛都能回想起，他当时进入我们宿舍那个狼狈，以及在地下通道突然看到他，那种震惊。还有最后，他含着泪说"我一定会还你钱的"。

陈：像您刚才说的，大家空谈的时候也会抱头痛哭，那个时候是一种什么样的心情状态？

罗：其实很矛盾的，一方面你还是对公平正义有很强烈的向往，但有的时候你有一种无力的感觉。你（觉得）可能也只是一种谋生的手段，非常非常的混乱，你没想通你就会不快乐。不快乐的时候会借助很多东西来暂时麻醉，放纵啊，喝酒啊，这些其实都是暂时麻醉来掩盖那种声音。我们就说你不要跟我谈对错，对错是价值。现在我们是中立的法律，我们推出结论，不管对错。我们只管结论的正当与否，正当的、合逻辑性的，所以在这种情况下，当你得出的结论严重地违背民众朴素的常情常感，你还会觉得很骄傲，（觉得）我们学法律还是有用的，得出的结论就跟你不一样。

陈：它又导出了一种优越感。

罗：对啊，知识的优越感。就是你会觉得这种东西，有一种专业性的槽，一般人是不应该进去的，我们是有法言法语的，一般人是不懂的。

陈：那个时候，用什么来评判学法律方面的这种精进的段位？

罗：就是你会用很多老百姓听不懂的话来描述本来三两句话就能说清楚的东西。有的时候会满足自己对知识的优越感和所谓的怜悯心、同情心吧。因为人越是喜欢探讨抽象概念，就越是觉得自己崇高。因为你越觉得抽象的人可爱，就会越觉得身边的人不可爱。因为忙着爱人类，以至于没有时间爱具体的人。

罗：2003年吧，在北大读博士的时候，也是冬天，我从双安商场这个天桥走到对面，然后就看到一个衣衫褴褛的老太太，灰白头发，到处在问人，大家都爱理不理。

后来我就走过去了。她问我某某援助中心怎么走。我也不知道，她有点失望。我说："你不用着急，我帮你查一查。"打114马上就查到了，援助中心就在这附近不远。我当时印象很深刻，她其实是从（裤子内侧）掏出一个小纸片，颤抖地记着（地址）。

我那个时候就感到很难受。她跟我说，她从北京西客站一路走过来，走到双安商场。你想一想那走了几个小时？然后没人理她，我觉得非常心酸，说："我打车带你过去。"她当时听了这话"扑通"一声就给我跪下了。你想问个路，然后就给你跪下了。我当时是受到了极大的震撼。

陈：她一跪下，你也一下子就……

罗：对啊，现在（想到）就想哭嘛。我就赶快扶起她，打着车带她过去了。我当时也想听一下到底什么案件，因为我也已经考过律师执照了。但是在车上，我自始至终没有说出我的身份，说白了我还是有点担忧，也不想惹麻烦。

陈：就是那个话到嘴边了又憋回去。

罗：对，想说但后来没说。我印象很深刻，她走到援助中心，说："真的很感谢你，就不用陪我上去了，别影响你的前途。"所以我最后就走了。现在回想起来都觉得很羞愧。

陈：她说怕影响你的前途的时候，你自己心里也咯噔一下。

罗：是啊，她说出了你的内心，她戳中了你的内心嘛。但是马上你就会觉得，其实你是用这种虚伪的道德优越感，来掩饰你内心。这件事情对我影响还是蛮大的，我就觉得真正的知识要从书本走向现实。真正的法律并不仅仅是抽象的逻辑，而是每一个人鲜活的故事。公平和正义不仅要在书上得到体现，更重要的是要在每个个案中得到回响。

教师生涯

陈：大学、研究生继而到后面教书，一路都特别顺利，是吧？

罗：我记得 2008 年那一天是我生日，获得我们学校的、我很看重的一个奖项"最受本科生欢迎的十位教师"。那个时候就更加地狂妄。

2009 年在美国做访问学者的时候，在加州伯克利（大学）后面有一片山，很漂亮。我们想找一个野餐的地方，然后我开着车。那条路其实比较窄，我突然下意识地踩了一下刹车，我也不知道为什么踩了一下刹车。突然发现一个轮胎已经在悬崖上，就三个轮胎在道上，一个轮胎在悬崖前空悬。其实正常人的反应，在这种情况会打一下方向盘。结果就在这一刹那，另外一辆车从旁边呼啸着过去了，也就是说那个时候，如果我打一下方向盘，也肯定被撞下去了。

那个悬崖也得有二三十米，摔下去估计（凶多吉少），事后你回想起来，才真正地意识到若非命运的庇护，你早就没了。你所有的梦想，你所有对人生的一些远大规划，都会烟消云散的，都只是一个笑话而已，只是当时你会做出不同的解读。

陈：越是这种惊险当中，你仍然运气好，说明命运就是把你选择了。

罗：那个时候依然是在狂妄的道路上一路狂奔，觉得所有的运气好都只是加持了你的狂妄。就是你应该这么狂，你值得这么狂。所有的碎片化拼出的一个图景，形成了你对它的认识，但有可能你拼错了。你拼出了一个错误的画，把头和脚拼错了。

刚开始上讲台的时候非常地狂妄，我觉得这个考试是一个非常低端的考试，很容易、轻轻松松就能过的，很狂妄，懒得搭理人，而且自认为也看了一些书。所以有的时候能够把对方说得哑

口无言我也很开心。

陈：辩论的时候必须当那个最终的赢者？

罗：对啊，就有这种心理，就是咄咄逼人。

陈：所以那时候是虽然很狂妄，很有优越感，但内心深处并不是很幸福的感觉？

罗：不快乐，觉得自己是一个很虚伪的人，是一个很伪善的人。你总是瞧不起你自己，这是很内在的一个冲突。于是就仔细去回想这一生中所遇到的很多经历，很多重要时刻，你才恍然大悟，原来你就是一个很渺小的人。

陈：这个过程很痛苦吗？

罗：很痛苦，因为它相当于整个人生观、世界观的一个根本性的转向。有的时候，回忆并不是令人愉快的一些事情。确实非常地感恩，有很多事情不断地提醒你，人应该谦虚，人应该谦卑，人应该走出自己自大、自恋，那种偏见的洞穴。

陈：至今想到那时候会是什么感觉？就是你人生中的一个分水岭吗？

罗：应该算，至少比我2020年莫名其妙走到聚光灯下要重要得多。

陈：那你那一年，在外人看起来精神状态是什么样？

罗：会觉得你有变化了。首先你不再爱参加聚会了，你聚会中也不再爱高谈阔论了，喝酒也明显喝少了。

陈：那还是像变了个人似的。

罗：稍微变了，大家觉得你没有以前那么有趣了。

陈：那你自己心里呢？

罗：我心里觉得很有趣。最重要的是做你觉得正确的事情，最重要的是你听不到内心对你的抱怨，最重要的是多年以后的你能够看得起现在的你。

法考课堂

罗：我上课有的时候会讲一些段子，但是幽默不是为了幽默而幽默，而是为了让大家感受到背后故事的沉重。

陈：其实讲法考没必要讲这么多东西啊。

罗：如果我们只需要培养出技术主义的人才，似乎没有必要。但是我始终是觉得，他们要去思考："我为什么要从事法律职业？""法律职业真的只是我谋生的工具吗？""能不能够有一些更宏大的支撑？""能不能够跟人类千百年来关于法治的传承的这根电线来接通呢？"我想告诉他们意义，让他们知道投入那么多的时间，那么多的精力是值得的。

有一次去看守所会见的时候，看守所的民警说"我看过你的讲座"，也有一些警察朋友、检察官朋友、法官朋友会给我发信，说我当时讲的一些东西深深地鼓励了他们。我相信这些东西会让他们去思考，人类为什么会有法律，我们为什么需要法治，让他们心中能够长出这种根。

陈：后来是法律界以外的年轻人们也都看了。

罗：所以很感恩嘛，确实很感恩，我总是会跟十七八岁的人在一起，从他们身上能够看到热情，能够看到希望。然后你在年轻人的话语中，也会学到很多新的话语体系。

陈：您现在对未来有什么终极的目标或者梦想？

罗：过好每一天，演好当下的剧本，朝着心中的标杆去前进。

陈：每一天都过得踏实。

罗：对。人要做到不清高、不矫情、不抱怨。

陈：当时穿越了那个最迷茫和困惑的时候，慢慢就好像找到了这个光的感觉，是吗？人就踏实下来，就有这样一个过程？

罗：对啊，就是在黑夜中看到了微光，你就朝着微光的方向走过去，虽然有的时候你会怀疑是不是走错了。但是所有的怀疑都是为了确信。

陈：可能越来越多的年轻人，在非常大的竞争中面临这样的困惑：我得赢，我需要找到非常多可以赢的办法。以前老说的"我要忠于我自己"，现在要妥协非常多的事情，我要避免被淘汰。你会怎么样跟学生说这些事情？

罗：那就是如何过看起来好的一生。你就要定义什么叫做

"好"。这个世界上有太多关于好的标准。good 如果加个"s"就变成了 goods，就变成了商品。做一件事情最重要的就是赚钱吗？什么叫好医生？赚钱就是好医生。什么是好老师？赚钱就是好老师。什么是好记者？赚钱就是好记者。这样做，那一切职业分工就没有意义了。你要去寻找什么叫 good，然后你才可以去过 good 的一生，你才可以避免随波逐流，你内心才会拥有一种笃定，你才会拒绝跟别人去攀比，也拒绝被别人所攀比。

陈：甚至是一辈子都要去追寻那个 good 的定义是什么。

罗：对。我们要对焦，但你的对焦点太多了，你能对焦到一个 good 吗？

陈：在这个流量的时代，人突然站在流量的桥头，然后流量可能再过一阵，又会退去的时候，人会有震荡吗？

罗：那肯定会有。

陈：你怕被忘了吗？

罗：我觉得被忘了是一个必然，还是爱比克泰德所说的"对于不可控的事情，我们保持乐观；对于可控的事情，我们保持谨慎"。可控的事情，就是你现在有一些小小的影响，你别滥用，别得意忘形。对于不可控的事情，你抱着乐观的心，接受一个开放性的选项。

陈：你最希望被记住的，如果说只有一个身份能被记住，是什么？

罗：老师。

如何做一个称职的老师？

2020年11月，得到大学开学典礼演讲

讲这个题目之前，我扪心自问是不是一名称职的老师，发现内心并没有这种笃定。虽然当了近20年的法学老师，也曾经得到过一些荣誉，比如我最看重的是校内"最受本科生欢迎的十位教师"。但是，我也时常怀疑自己是否是一位称职的老师。所以今天，我只是想和大家一起来探讨这个问题："从事一份职业，到底怎样才算称职？"我想跟大家分享，对我的教师生涯影响很大的三个时刻。

第一个，我想先说说怎么当上老师的。

我从1999年读研究生期间就开始讲课，当时是讲自考，目的主要是为了补贴生活费，从那时开始，父母基本上就不再给我生活费了。

但是，我做老师有个障碍。我从小很害怕在人面前说话，刚开始来北京的时候，普通话说得也不好，经常被人嘲笑，比如"刘奶奶喝牛奶"。而且，我还说话结巴，当时一开口就自卑。

关于结巴的原因，有种说法是，结巴的人思考速度快于语言表达。但是只要我站上讲台，结巴就会好一些，当我说普通话时，可能头脑中有一个转码过程，这样思考速度就和语言表达同步了。

备课的时候，我会写讲稿，把要讲的每一句话、每一个案例都写出来，甚至连"下课了"三个字都要写出来。熟能生巧，讲得多了，自然就熟悉了。其实人类所有的成就，靠的都是艰辛的努力。

我在讲课这件事上得到了正反馈，学生喜欢听我的课，这给我很大的鼓励。反正，我现在讲普通话的速度，跟家乡话区别不大了。

你看，我开始做老师的目的一点都不性感，没有什么伟大感召，就是为了赚生活费，还有治结巴，就是这么卑微的出发点。

卑微的起点会促使你开始一件事，但是让你坚持下来的，一定是热情和使命。

这就要说起，对于我教师生涯，第二个重要的时刻。

大家知道我，是因为 B 站上的视频，那些视频是我在进行法律职业资格的辅导培训。我在读博士期间就在外从事这个工作，至今已经快十七个年头。当时去讲课的直接目的还是很卑微，就是为了赚钱养家糊口。曾经有一段时间，我的家人患病，需要大笔的治疗费用。仅凭我在学校教书的收入，无法支付昂贵的医疗费。那个时候，我拼命讲课，然后把赚来的钱赶紧投入治疗。

讲了十年之后，厌倦了，身体也疲惫了，关键是，我觉得辅导培训也不入学界主流，所以想告别这个课堂。

后来，有一位朋友，跟我说了一段话。

他说："如果你真的想传播法治的理念，也许这个舞台比学校的受众更多，每年有几十万的人要参加法考，这些人真正愿意花时间去学习法律，他们当中的大部分人会从事法律职业，他们是法治建设最直接的力量。"

"你为什么不愿意去影响他们呢？"

这个问题，打中了我。

我到底为什么要讲课？是为了在学术界获得一个位置，还是因为在这个讲台能够点燃自己的热情，拥有自己的使命？

和很多人一样，我大学的专业是父母指定的，17岁的我，对于法律基本没有太多的认识。回想起来，当时塑造我法律观的主要是公审大会，犯人游街示众。少年的我根本没有人权保障的观念，只是觉得法律就是打击犯罪的工具，偶尔看到五花大绑游街的犯人会觉得他们既可恨，又可怜。当然，还有一个关于法律的印象就是当时看的一个港剧《法外情》，刘德华演一个年轻律师，为一名被诬告的老妓女辩护，但由始至终也不知道这个女的其实是自己的亲生母亲。当时，我就觉得做律师、戴假发、穿法袍很帅，帮助穷人伸张正义很令人向往。

进入大学，我开始慢慢理解法律的意义。

法律是人类社会最古老的专业，在最早的大学里只有三个专业，神学、医学和法学。当一个人的灵魂出了问题，他需要神学；当身体出了状况，需要医学；而当社会出现了问题，那就需要法学。可见，法律最重要的作用是为了解决社会的问题，维护社会秩序。

但是，法律本身是一种悖论性的存在，它一方面要维护社会秩序，另一方面又要防止维持社会秩序的力量异化为破坏社会的力量。

我所研究的领域是刑法，尤其体现了这种看似矛盾的悖论。

一方面它是通过最严厉的惩罚措施来维护社会秩序，轻则剥夺公民的财产、重则剥夺自由甚至生命；另一方面，对于惩罚犯罪的国家权力又要加以最为严格的限制。一如培根所言："一次犯罪不过污染的水流，一次不公正的司法却污染了水源。"如果惩罚犯罪的权力不受限制，"欲加之罪，何患无辞"的悲剧就会一而再，再而三地上演。

我是一个书斋里的法律人，真正在法律工作一线的，是我在法考课堂上的学生们。我要通过我的课堂、我的学生，才能一点点走近自己的梦想。

我教书的政法大学，老校区面积很小，是一个小而美的校园。从东门进去，右拐就可以看到一块石碑，上面有老校长江平[1]先生所写的"法治天下"四个字。

每当看到这四个字，就让我感到激动与平静，忘却暂时的疲乏与怠惰。

做老师这么多年后，我才慢慢读懂这四个字，这不仅是一个前辈的教诲，而且是一个庄重的邀约：你愿不愿意做一束光，把

---

[1] 江平，1930年12月出生，浙江宁波人，是中国著名法学家，有"民法泰斗"之称，中国政法大学终身教授、民商法学博士生导师。

个人的微光传给你的学生，让法治在这片土地生根发芽，长成一棵无法撼动的参天大树？

我接受了这份邀约。

人生大多有两种路径来实现自己的追求，一种是找到一个自己热爱的事业，另一种是热爱自己选择了的事业。成为老师、进入法律行业，这些事的起点都是卑微的，但是过程中的这些高光时刻点亮了我，让我真正开始热爱教师这份工作，理解自己的使命。

当然，一份职业，不能仅凭热爱支撑。一时的热爱容易，坚持很难。不知道大家有没有同感？

热爱，不等于称职。把热爱转化为持续的行动，才是称职的开始。

我跟大家分享的第三个重要时刻，行动的力量，从哪里来？

有次，我参加一个公益项目，和一群朋友去探访麻风病院。出发之前，我非常紧张，因为我害怕麻风病有传染性，毕竟麻风病曾经是一种非常可怕的传染疾病。我在出发之前，无数次上网搜索麻风病的传染性，得出的结论是在 20 世纪 70 年代之后，麻风病经过合理治疗，已经没有传染性了。但是，我还是充满恐惧，我跟负责人商量，要不我们就别去了，我们多捐钱就好了。

结果，大家还是决定探访。我记得那天，阳光明媚，但我内心充满恐惧，又不敢表现出自己的恐惧。我们一行十人，我个子最高，躲在队伍的最后。

快到麻风病院的时候，一位麻风病人用滚轴自制的小木板车助力前行。麻风病因为会攻击人体的痛感神经，让人感觉不到疼痛，所以受伤了也不知道，因此身体上有很多伤口疤痕。这位麻风病人的面目扭曲，非常丑陋。当时我们队伍中走在前面的一位女孩，跑着过去和麻风病人打招呼，甚至拥抱他。这位女孩长得非常漂亮，而在那一刻，美丑的对比，让她更加漂亮，这种漂亮不仅是外在的，更是内在的。而丑陋的是我内心的幽暗。

后来，我私下问她："你不害怕吗？"她说其实也挺害怕的，只是当时突然有一种力量鼓励她去拥抱病人。她很感恩这种力量可以鼓励我们所有的人，可以给病人带去希望与光明。

不只是这位女孩，那次活动中，同行的朋友给了我很大的勇气，和他们走在一起，我也终于可以从恐惧中走出。

一切有意义的知识，最终都是为了行动。作为学者，我们经常会思考许多崇高与深邃的观念，但是我们经常误以为自己想到了、说到了，也就做到了。

这其实只是自欺欺人，这个世界最远的距离就是知道和做到。

在走向知行合一的过程中，一个人往往是怯弱的，能够帮到一个人的，是凝聚成更大的共同体。

十多年前，我们搞过一个读书会，这个读书会现在变成文章小组，每次我写完文章，都会发到小组，供大家批评指正。有段时间我因为一些原因，遭遇网络攻击，心情非常郁闷。第二天出差，居然在火车上碰到了一位读书会朋友，因为疫情原因，我们都已经九个月没有见过面了，居然神奇地坐在同一趟火车，去同一个城市出差。

我当时向她抱怨自己的遭遇，她却问我："当被人夸的时候，你是否觉得不真实？"我说："是啊。"她接着问："那你高兴吗？"

我说:"还挺高兴的。"于是她反问:"那别人批评你的时候,为什么就不高兴了?本质上,过分的夸奖与过分的批评不都是误解吗?误解本来就是人生常态,不要喜欢好听的误解,而厌恶不好听的误解。"这一段话,让我瞬间释然。

还有一次和朋友吃完饭,正好遇到一个学生索要签名合照,朋友嘲讽道:"你很享受现在的虚荣吗?"我羞愧万分。

我很感恩,能够拥有一群志同道合的朋友,这种友谊让我走出自恋,能够拥有前行的力量。

今天,我感到很幸运,能够跟同学们坐在一起,探讨对我们人生非常重要的命题,那就是如何行动,当我们从知识迈向行动,我们可以在行动中获得共同体的力量,这份能量又能回过头来,为我们自己,作为一个个体的行动提供力量。

小说《麦田里的守望者》,里面有这样一段话:一个不成熟男子的标志,是他愿意为某种事业英勇地死去;一个成熟男子的标志,是他愿意为某种事业卑贱地活着。

我从未想过成为英雄,我只想在使命中卑微地活着,所以,我渴望共同体的友谊能够不断地温暖彼此,互相扶持,如果每个人都能发出微弱的光亮,群体的力量就能汇聚成法治的熊熊烈火。

人这一生,总要为某种超越人生的东西而活着。这些东西也许是我们看不见的,但是看见的不用去相信,看不见的才需要相信。

我今天提到了四个词,热爱,使命,行动与共同体。

你有没有发现,这四个词汇的英文单词首字母是 P(passion)、M(mission)、A(Act)、M(Mass)?

PM（下午）和 AM（上午）正好是一天的二十四小时。

昨天已经成为过去，明天还没有到来，我们唯一能够拥有的就是今天，这就是为什么我们把今天称为礼物（present）。

最好的礼物，就是今天。各位同学，愿我们在共同体中，拥有持续行动的勇气，获得源源不断的热情，在使命中超越我们有限的今生。我们无需关注未来，我们只需要活好今天，因为永恒由每个今天所构成，每个今天都可以触摸永恒。

我们画不出完美的圆，但它是存在的

2020 年 12 月 25 日 腾讯新闻《十三邀》访谈

许——许知远；罗——罗翔

许：如果找一个非常杰出的法学人物，鼓舞你的是谁呢？

罗：想起来其实很多：马丁·路德·金、甘地、林肯……

许：他们身上最触动你的是什么呢？

罗：勇敢。其实在我的词汇中，我觉得"勇敢"是一个最高级的词语吧，因为我自己不够勇敢。在人类所有的美德中，勇敢是最稀缺的。

许：当你愤恨自己不勇敢的时候，怎么办呢？

罗：愤恨没有用，就当命运之神把你推向那勇敢的时刻，希望你能够像你想象中那么勇敢。

许：所以今天我们是两个都认为自己胆怯的人的交流。

罗：是。

学习就是一种回忆

罗：您是 1976 年的是吧？

许：1976 的。

罗：我 1977 的。

许：同龄人。

罗：怎么说呢，因为我是独生子女，就在我那个年代，独生子女是很罕见的，所以小时候还是比较孤独的，确实比较孤独，因为其他人都有哥哥姐姐。

许：要不怎么会爱看书呢。

罗：对啊，就是在孤独中躲进了书籍中。

许：最早对你影响最深的法律书籍是什么呀？

罗：其实很浅的，林达的"近距离看美国"系列。

许：也是一代人的启蒙读物。

罗：对。我最近这个月在看《通往奴役之路》，我看了一下，买书的日期是 1999 年。这都构成了我们最初的阅读计划，到现在大部分的书都（还是那时候的书）。

许：我们都是万圣书店训练出来的。

罗：我到现在都认为，学习就是一种回忆，就是说这些知识，本身已经在你的心目中了。就像苏格拉底所说的，对于你懂的东西，你才会真正地认同；对于你不懂的东西，你不可能真正地认同。而什么叫"懂"的东西呢？这就像康德所说的，人类的原初设置，就是我们出生的时候，就有一些"出厂设置"。当你的一些理论迎合了这些"出厂设置"，老百姓会觉得，你说出了我想说，但表达不出来的话。

许：有的是华为设置，有的是苹果设置，不一样是吧？

罗：但是总体上来说，（不管）苹果还是华为设置，它整体上又是一样的，就是我们要追求真，我们要追求善，我们要追求美。

许：那天我跟一个朋友讨论问题，他认为（追求）美是天生的，他认为寻求正义、正直不是天生的。

罗：为什么人会追求美？因为还有美更上面的东西。说实话，对好的东西，人们都想自我保留；但是当你发现了最美的东西，你绝对不会自我保留，你会觉得这太美了，我一定要分享出去，因为它确实太美了。你就会发现这个"美"，一定不是你培育的，只是你洞悉了美的惊鸿一刻，你觉得太伟大了，太美了。那么在美之上，一定还有一个更伟大的存在，就是永恒的公平、正义。

许：所以你也认定乌托邦是必要的？

罗：我认为，"理念意义上的乌托邦"是有意义的，但是"现实中的乌托邦"是不可能的。我们画不出那一个完美的圆，我们无法追求到绝对的美，但是你不能够推导出这个世界没有美，这个世界一切都没有意义。（如果是这样，）那人的存在就是没有意义的，人类追求美德是没有意义的，人类追求美德就是一种伪善。

许：你对这种相对主义的警觉，你觉得是怎么来的？

罗：就是我会发现，人类中很多概念具有相似性，但在这些相似性的概念中间，一定是有一些细微的区别的。而现在我们的思维，为什么人们习惯于标语化的思维？就是因为觉得世界太复杂。当我理解不了那么复杂的世界，我就选择一种简单化的世界。但是复杂一定是存在的。

许：我看你写的东西那些感觉，我们这个年龄前后的那段记忆，就是 90 年代塑造的那段记忆，慢慢开始重新显现出来了。

罗：你看过贾樟柯的《小武》吗？就基本上那种感觉，贾樟柯确实拍出了我心里想表达但无法表达的那种感觉，真的是那种感觉。有的时候我真的在想，人生中的成就很难说。我身边很多朋友，就我小时候的玩伴，坐牢的、吸毒的、得尘肺病去世的，40 多岁。

许：最要好的朋友在干吗？

罗：小时候最要好的朋友，现在都不联系了，他们就觉得不想麻烦我。

许：我们这代正好是那时候，转折很大的时候，变化很大的。

罗：我给学生带着读这个《通往奴役之路》。《通往奴役之路》的最后一页，就是当时听江平教授的一个讲座（的笔记）。我也没带笔记本，就拿那本书做的笔记，1999 年。

许：记的啥？

罗：那讲的是专业性的问题，讲的是美国的"个人合伙"。以前合伙是无限责任，就合伙人要承担无限责任；后来随着市场经济的发展，慢慢出现了 LP，又出现了 LLP，又出现了 LLLP[1]。它的基本思想就是：市场的发展是无限的，法律制度只是适应市场

1　LP，有限合伙，Limited Partnership 的缩写，一种将普通合伙人的有限责任与一次纳税待遇相结合的商主体形式。另，有限责任合伙（Limited Liability Partnership；LLP）；有限责任有限合伙（Limited liability limited partnership；LLLP）。

经济的一些需要，就法律不可能超前，法律只可能滞后。正好当时看哈耶克嘛，哈耶克就是警惕人类的乐观主义，就是说，你不可能计划出一切的东西，你只能去尊重这种自发自生的秩序。

许：意识到这点，过程还挺难的，包括这种自发性。

罗：就包括自己嘛，包括对自己的乐观主义，对理性主义的警惕。我大学的时候是读尼采的，你想我们那个时候，就喜欢读这种意识流的东西，喜欢读这种小段论述，《查拉图斯特拉如是说》。

许：快感式的阅读，动人啊。

罗：很动人啊。但你后来发现，这些哲学家都不过正常日子的。让他过过正常日子，每天做做饭、带带孩子，去医院挂个号。

许：哈哈。

从法家到法治

许：你说这些古代的统治者，他们认为这种残忍（的酷刑）和他们统治之间的关系是什么呢？

罗：这其实还是受法家的影响，就是韩非子。法家的基本思想就是，刑罚是威吓的一种工具，杀鸡给猴看。有的时候，你会发现它也有合理性，如果我对一个犯罪，搞一个极猛的刑罚，那么，第一，就没有人敢犯罪了；第二，这个刑罚也是不会运用的，就达到一种平衡了。

许：那它的另一个后遗症是什么？

罗：这个弦会崩断的，如果崩断了，它整个体系就崩断了。比如说，我就偷了五个苹果，被判死刑，那"民不畏死，奈何以死惧之"[1]？我偷了五个苹果就判死刑了，那老子再杀五十个人，反正也就一死嘛。但中国古代解决的方法就是：死我也要让你不得好死。偷五个苹果，把你头剁了；如果杀一个人，我给你腰斩。它通过这种刑罚执行的极度残酷性，来实现所谓的罪刑均衡，其实就是不把人当人来尊重，它认为人就是工具，人跟人就是不平等的，所以这也是沈家本的伟大。

许：他认为废除酷刑是一个非常核心的问题。

罗：对。因为罪刑法定的根本根基，其实就是对刑罚权本身的约束。

1　出自《老子》第七十四章，意为：当老百姓为了某一项追求，不再怕死了，那么统治者用剥夺其生命的方式来威吓人民，将没有作用了。

许：这也是整个中国近代法律系统转型中最大的一个困难。

罗：对。你看我们刑法的罪刑法定思想，其实真正落在我们现在的刑法中是 1997 年，因为大部分老百姓心目中对刑法的观念可能也没有彻底地接受。大家总是认为，惩罚犯罪是最重要的。大家一看到刑法，本能想到的就是定个啥罪。

许：你觉得这东西，还要多久才能发生真正的改变？

罗：那就慢慢来，其实第一是观念，真正能够影响人类的，就是观念。他们老说"大学之大不在大楼，乃在大师"[1]，或许也不是大师，是伟大的观念。

许：比如说我们看到沈家本那个时代，中国也是要从一个礼教的社会进入一个现代法治社会，这么一个很大的转变。那么我们现在面临的核心问题是什么呢？

罗：我们是学法律的，肯定对我们的专业有一种很大的期待。我能想到的，就还是用法律来治理，用法律来约束权力。对于公权，只要是法律没有授权的就是被禁止的；对于私权，只要法律没有禁止的就是被允许的。就是这些最普及的一些法治观念，能不能在你的内心形成一种确信？最重要的是，当你成为一个拥有权力的人的时候，你愿不愿意接受法治的约束？

许：你刚才说这两点，公权和私权，这个理念是在什么年代开始形成和成熟的？

罗：它最早的萌芽，我们一般认为是 1215 年英国的《大宪

---

1 梅贻琦语。梅贻琦（1889.12.29—1962.5.19），字月涵，天津市人，物理学家和教育家，曾任清华大学校长。

章》。因为《大宪章》虽然是一种权力斗争的副产品，但是在《大宪章》中，确实是出现了"王权有限""法律至上"这样一种思维。这种思维，在漫长的历史演进过程中，我觉得如哈耶克所说的"自生自发秩序"，它会有一种竞争化的优势，所以慢慢地这种"罪刑法定"的思想就席卷整个世界，至少现在，绝大多数国家都在文本上认同罪刑法定思想，也就是认同法治的治理方式。

人类的治理方式说白了也没有多少，无非就是人治、法治。柏拉图最早也是主张人治的，当然在三次西西里的惨痛经验[1]之后，退而求其次，选择了法治。我们所处的社会是冲突不断的，每天都有冲突，而法律就是解决这种冲突的。但是在解决这种冲突的时候，法律又可能会制造一种新的冲突，因为法律本身它是强调秩序，不管是严刑峻法也好，还是法治框架的限制权力也好，它其实都是要追求一种秩序。我觉得追求秩序本身没有问题，但是我们还需要另外一种双保险，就是对于追求秩序的力量本身（有所警惕）。

许：你看，比如经济学，甚至政治学，在其他的不同领域里面，我们的整个公共讨论得更多，这些观念本身也更清晰，但只有在法学这块，好像观念始终非常之模糊，包括那些所谓的受过教育的人，对我来说也是很模糊，这个原因你觉得是什么呢？

罗：我觉得可能还是法律本身的神秘化，法律本身的貌似的高阶化。

---

1 古希腊哲学家柏拉图三次前往被僭主统治的叙拉古，期望在那建立理想国，实现哲学王的统治，但都以失败告终。

许：我之前看梁治平[1]老师写的一篇文章，我挺有感触的。他说，某种意义上，在20世纪中国，我们的法学家没有真正地有力量地参与到整个社会的知识辩论和思想辩论之中去，跟这个有关系吗？

罗：也许也有。就是我们有时候会有一种自我的封闭化，我们觉得我们是专业人士，作为专业人士，只应该做专业人士所应该做的事情。一旦走向公众，我们很害怕专业会变味，会玷污我们专业的"纯洁性"，因为知识是有槽的嘛。

许：这帮人是被高度地技术化了。

罗：对啊，就是一定会有"'茴'字有多少种写法""关于这个问题，有几百种学说"，会走向这样一种（境地）。

许：你上学时候就意识到这点了吗？

罗：我上学其实没有意识到，因为我上学时以技术主义为荣，我能够推导出跟老百姓观点不一样的感觉，我感到很开心，觉得没有白学，对吧？

许：那什么时候开始发生变化的？

罗：后来慢慢地发生了变化。就是你很多高傲的观点，跟老百姓基本的内心常识是相抵触的时候，但在技术主义、逻辑上论证是没有问题的，但其实是抵触人内心的良知的。

许：这个思想变化，到底是怎么慢慢发生的？

1　梁治平，出生于1959年，湖北孝感人，是中国法律文化、法律史学者，著有《寻求自然秩序中的和谐：中国传统法律文化研究》《清代习惯法：社会与国家》等。

罗：我觉得还是，人生的经历吧，就是人要接受自己的有限性。就是人承认自己是有限的，于是承认你的逻辑是有限的，承认你的理性是有限的，承认你的阅读是有限的，承认你整个人就是在偏见之中，你这一生就是在走出偏见。那当你这样来想，你就会慢慢地有一种反思。

许：这个变化是有什么契机，然后慢慢发生这样转变的吗？

罗：那肯定是有嘛，你不可抗拒的一些力量……就当你真正地经历了一些生离死别，或者一些亲人所遭遇的苦楚啊，那个时候你就会真的发现，人的力量是很有限的，浇一桶凉水。而且人最大的痛苦就在于什么呢？我觉得人最大的痛苦，就是无法跨越"知道"和"做到"的那个鸿沟。就是笛卡尔所说的"我思故我在"，这个很对，但是"我思故我在"经常让我们沉浸于一种幻象之中，就是我只要思考到了，我就能做到，但其实不是这样。你思想过深刻的东西，你说过深刻的东西，你感动过深刻的东西，你被你

自己所说的感动了，你就真的觉得自己做到了。很多时候，这是一种自欺，尤其对我这种做老师的人，有的时候你就会想，你跟学生所教导的，你自己能不能做到？

所以当你问我，为什么会有那个转变，其实在很久之前，2008年就是入校第三年，就获得"最受本科生欢迎的十位教师"奖项。那个时候其实是有一种强烈的骄傲感，自己也觉得自己很厉害。但是你内心深处会有一种冲突，就是很多时候，你自己所教的，你做不到。你是在骗别人，你也在自我欺骗、自我麻醉。所以有一段时间，就觉得很虚无，就觉得挺没劲的，你为什么要骗别人？你为什么要骗自己？

许：那次危机怎么应对过去的呢？

罗：所以从那个时候，我就希望能够过一种生活，给自己一个目标。至少那么多年来，我给自己的功课——当然虚伪是肯定的，每天都活不到那么清澈——就是你的行动，在你的言语之前，能够多那么一步，我觉得就可以摆脱这种虚伪的自我控诉吧。

许：你怎么看待这几个月给你带来的突然的、新的现实生活呀？因为之前是在大学的讲台这个平台，然后现在是一个由音频、视频、弹幕、社交媒体构成的舞台。网络世界因为新的曝光，它会形成一种新的生活环境，你现在已经很适应了吗？

罗：我还没有特别地分清，因为我始终还是像以前一样，用教书来进行教导。只是你会发现，现在的影响力，感觉比以前更大了。但是，我觉得很快会退却掉吧，因为本质上是虚荣嘛。虚荣会给人带来痛苦，而且虚荣也不真实。

许：美好的部分是什么？

罗：会有短暂的快乐。

许：现在你已经厌倦了这个短暂的快乐了吗？

罗：谈不上厌倦吧，因为，我不能够弃演。我觉得，每一个舞台都有每个舞台的意义。人最大的问题，就是喜欢高看自己，贬低他人。有的时候这种高看，是以拒绝来进行高看，有的时候是以合作来进行高看，但本质上来说，每一个舞台一定有每个舞台它背后厚重的意义，但是又不要过于高估这个背后的厚重的意义，以至于你留恋这个舞台。就是说，在这个舞台中，你做好这个舞台所赋予你的，你想去做的事情；有一天别人说"够了，下去"，那你下去就好了。但在某种意义上而言，我又始终要告诫我自己，人能影响的人，或者说，人能真正影响的人，其实很少很少。很多人所谓的"被你影响"，那只是片刻感动了，最后还是投入到自己以前的生活。人可以有片刻的感动，不可能持久地感动。你能真正影响的人，一定是你愿意在他身上投入大量的时间的，跟你有真正的接触的那些人。

许：但现在片刻的感动，已经成为这个时代最重要的一种方式。

罗：对，但是这很多时候是一种自我欺骗。你在欺骗自己，你也在欺骗别人，你也让别人陷入了一种自我欺骗。

许：所以你也不会有那种感觉，好像大家真的因为罗翔，然后对法律世界产生了新的兴趣。

罗：我没有这种幻觉。如果要说得自我麻醉一点儿，真的是希望能够影响他们，让他们不单单成为技术主义者，让他们知道技术背后的那种价值。因为我自己是这么走过来的，我自己以前就是一个很注重技术主义分析的。后来你慢慢地觉得，这种技术主义的分析得出的结论，就是今天可以是 A 结论，明天可以是 B 结论，就是看客户的需要，但你没有一个稳定的基石。我希望我的学生会有一个稳定的基石，就像我们今天走到的这栋楼。

这个楼肯定跟沈家本住的时候不太一样，但是，内在的精神还在这，那你会觉得法治它一直在传承，对吧？

在程序中去追寻正义

许：包括刚才我们聊的那些，因为这个问题也困扰我，就是我们都会觉得"泛道德化"其实某种程度上在摧毁道德。

罗：对。

许：但这个结论下面这个逻辑链条，到底是什么呢？

罗：因为，我们必须认同"道德是自律，而不是他律"，比如说有一种道德主义，叫做"道德完美主义"，就是说，你得做一个道德高尚的人，如果道德不高尚，那么强行让你成为一个道德高尚的人。我之所以让你道德高尚，不是为了惩罚你，是基于爱你，因为我想让你变得更好嘛。所以我们不能看黄色小报，因为你这样道德不高尚啊；路边上看到一个人（求助），你得救他。但是很多时候，人是达不到这种道德高度的。这样的一种规则，很容易导致虚伪。道德是要求自己的，而不是要求他人的。

许：但这种泛道德倾向，好像始终是非常之强烈，现在好像再度变得强烈起来。

罗：我还是这么说，就是有很多东西具有相似性，但是它并不是具有相同性。在某种意义上，我现在越来越拥抱法律和道德是一元的，而不是截然分开的；但是，我个人更拥抱的，是所谓的"消极道德主义"，而不是"积极道德主义"。

什么意思呢？所谓积极道德主义，就是以道德作为惩罚正当化的一种依据，只要一种行为违背了道德，那我们就要千方百计地对他进行惩罚。这是传统中国的一个特点，就是我们希望把人都塑造成圣人，塑造成英雄，但是这样一种道德的治理方式，反而会导致很多人的无道德。

消极道德主义，就是把道德作为一种出罪的依据，作为一种正当化的依据。一种行为，如果在道德上是值得谴责的，那它不一定是犯罪；但如果一种行为在道德生活中是被鼓励的，那它就不应该受到惩罚。所以法律其实是对人最低的道德要求，就是我们要宣布国家法律的权威性，但是我们在量刑的时候，充分考虑到人性本身的那种软弱。最典型的就是帮助自杀的定刑问题。（母亲）绝症缠身，不想拖累家庭，跟女儿说："帮我买个药吧，我实在不想活了。"不断地劝说。后来没办法，女儿给她买了瓶药，母亲说："你离开吧，我想一个人安静一下，你三个小时后回来。"她在三个小时后回来，母亲就已经喝药了。那这种行为在我国法律中，她肯定是故意杀人没有问题，因为这属于得到被害人承诺的杀人行为，人没有权利承诺别人结束自己的生命，所以她构成故意杀人罪。但在量刑的时候，在司法实践中，通常都是判缓刑。就是因为，首先她违反了一个基本的戒律——禁止杀人，但这种行为在道德生活中，人们会觉得很同情、容忍，那就可以在刑罚的处罚下，给她予以缓刑对待。

许：比如说我们在碰到这样的事情的时候，会发现公众有一种朴素的正义之心，或者说道德之心；但同时你又经常发现，他们所谓的那一种朴素的正义之心或道德之心，又有一种高度压迫的特性。不同的时代，由于技术的变化，都会使大家拥有一种新的道德参与、正义参与的方式。我们在过去一些年见到最强的就是这么大规模地通过网络来参与道德审判，甚至是正义审判。

罗：这就是为什么需要程序。法律强调程序正义，因为司法一定会有错误，但是司法的错误，如何能够被人所接受？就是强调程序，通过程序所推导的过程，即便错了，那这也是程序本身所推导的。民众很多时候是希望撇开程序，去追求心目中的一种正义，而这种正义，反而会导致一种非正义，就"行侠仗义"嘛，最后冤冤相报，会酿成最大的灾祸。所以我们法律在很多时候，就是为了追求程序。我们就会认为，在程序中，我们才能达到一种可见的正义，这种人们可能接受的，有瑕疵的正义。

许：我们小时候都会迷恋这种结果正义，仗义之心这种东西，这东西怎么样可以慢慢修正过来？通过什么样的训练？

罗：我觉得就是法治。因为很长一段时间，我们确实没有法治的传统，我们从来都认为，规则是针对别人的，规则不是针对自己的，强人一定是跳出规则之外的。所以我以前看《西游记》，我就觉得很奇怪，为什么孙悟空以后的战斗力越来越低？后来我才发现，原来孙悟空是成熟了，变成遇到事首先找人，也就是说没关系的妖魔鬼怪"啪"全都打死。那你就会发现，这就很明显地体现出我们对于规则本身的不尊重。为什么我们爱看武侠小说。我到现在都背得出李白的《侠客行》："赵客缦胡缨，吴钩霜雪明。银鞍照白马，飒沓如流星。十步杀一人，千里不留行。事了拂衣去，深藏身与名。"那多爽啊！但后来你慢慢地会发现，如果正义靠这种途径去实现，那一定会导致更大的不正义。往往是善良的愿望，把人们带入人间地狱。

许：这种转变是大概（因为）什么？

罗：那还是法律的训练。因为法律的训练，会不断地提醒我们程序正义，要警惕实体正义，要在程序中去追寻正义。

许：所以说从我们对孙悟空、韦小宝、令狐冲的迷恋，特别可以看出我们中国人对这种规则、秩序，对法律意识的（淡漠）。

罗：其实还是没有真正的法治观念，就是我们觉得，只要我的动机是好的，我就一定是好的，但是动机好不代表结果好。

许：而且更深层的是一种不负责任的自我的寻求。

罗：对啊，他就放纵嘛，放纵自己的激情，放纵自己所谓的"正义感"。因为所有的东西都是需要节制的，因为我们都是并非完全理性的存在，所以我们所有的情感是要受到节制的。我们愿不愿意谦卑地去接受一种程序的正义，即便这种程序的正义没有达到我们心目中的正义？

许：它是不是也是因为我们处在这种社会里面？比如大家对孙悟空的迷恋，那种正义的放纵或者宣泄，变成是一种表达自由的方法？

罗：是。所以这就是为什么（需要）法治。其实很大程度上它是自上而下和自下而上的一个结合的过程，就是说，法治它首先强调权力本身是要受到约束的，然后在这样的一种约束的背景下，慢慢地，其他人也会愿意去约束自己，因为它是一个双向的过程，它不可能是一个单向所造成的。

做城邦中的牛虻

罗：知识分子的一个重要的特点，可能还是像苏格拉底所说的，"做城邦中的牛虻"[1]。

作为我们法律人，我们是双向牛虻：一方面，我们是城邦的牛虻，我们要对权力进行警惕；一方面，我们是民众身上的牛虻，

---

1 苏格拉底在接受审判时，将雅典城比作一只肥得不能再肥的良种马，但是因为它太肥胖了，于是日渐懒惰，需要有牛虻的刺激。所以阿波罗神特意派他来到雅典，执行牛虻的职责，不停地"戳"，不停地唤醒"睡眠中的人"，唤醒、劝告、责备。

我们要提醒他们，激情是有界限的，激情也要在法治的界限之中。

许：同时要警惕自己这个牛虻，不要具有太强的个人崇高感。

罗：对。

许：你这么一个自省的人，你肯定也想过，为什么这一年，突然舞台聚光灯就打在你身上。你觉得原因是什么？

罗：我其实很难去解释，但是人又始终想去解释，你要说真的解释的话，我觉得，就是在一个特殊的时候，民众内心对公平和正义的期待，在我的这些小视频中得到了回响。

许：你有时候看到那些小视频，你是什么感觉？

罗：我有的时候，自己看也觉得挺有趣的。我讲的时候没觉得有趣……看来这个视频也是作品，创作的作品就离开了你。

许：对，你可能要接受它就是你的作品。会觉得这种传播方式，一方面传播了这些东西，但另一方面，可能又弱化了你要表达的东西？

罗：也许吧，因为人要接受事与愿违啊，我们太有限了，我们只能做我们觉得是对的事情，然后接受它的事与愿违。

许：但你说，不断地承认我们自己的有限性，就这种言语方式，它是不是也是一种过度的自我保护，这样的话会安全？

罗：可能是。就是你可能接受哪一天事与愿违，你说我已经意识到这种事与愿违了。但是在某种意义上，这可能确实是我自己真实的想法。我始终相信，我们不可能追求到绝对善，但是我们也不能因为绝对善追求不到，而退向相对主义。我们依然是一种现实主义的有瑕疵的善，至少我现在觉得自己所做的事情是有意义的。至于这种意义，最后是不是会导致意义的消解，导致意义的降低，我真的是不知道的，否则如果你始终是觉得，你这个事情太有意义了，你一定要努力做下去，那最终可能就会（事与愿违）。

许：你总是喜欢引用那句，推到舞台上嘛。那你怎么评估自己的"表演能力"呢？

罗：我不知道啊……谁能知道，明天会拿到什么样的剧本？就是过好每天，做好每天该做的事情。

许：那个决定性在哪里呢？

罗：决定性就是，拿到哪个剧本，按照你内心最想要的、最真诚的（样子），去演好。你要警惕自己，不要进入一些试探和诱惑之中，要节制嘛，说白了就是节制，很多东西都需要节制。

许：你知道我最近这一两年是什么感觉吗？我好期待那种狂喜的到来。

罗：狂喜挺好的，因为人生需要狂喜啊。但是真正这种狂喜呢，它是给你带来那种不可知的神秘，还是给你带来一种确定性的神秘？

许：苏格拉底的狂喜，是他遇到一个非常好的学生，可以追问他各种问题的狂喜？

罗：我觉得不是，是诚实地对待德尔斐神谕[1]。自从德尔斐神谕启示了他，他就不断地去验证德尔斐神谕：雅典有没有比苏格

1　德尔斐神庙在古希腊世界是极为重要的信仰中心，接受人们对神谕的咨询。苏格拉底的朋友凯勒丰曾去德尔斐神庙求问：是否有人比苏格拉底更有智慧？得到的神谕是没有人比苏格拉底更有智慧。

拉底更有智慧的人？后来发现没有，因为苏格拉底唯一的智慧是否定性的智慧，承认自己的无知；但凡所有的雅典人，从上到下，从贵到贱，都是觉得自己很厉害。所以苏格拉底不断地在挑战，承认自己的无知。他诚实地对待了德尔斐神谕，在最后审判的时候，他依然诚实地对待了他的使命，他要揭示那个审判的虚伪，揭示那个审判的自大，揭示那个审判的自以为是。

后　记

祝各位同学一路平安

每年毕业季，我都会写些东西。作为老师，不免好为人师。但是很多说给学生听的东西，最重要的倾听对象是自己。

人其实不需要被教导，人只需要被提醒。我们需要有一种声音不断提醒我们，行走在正道。

我们生活在各种误解之中，但这本身就是人生常态。当我们认识到世界不完美，我们才有朝着完美前进的勇气。

过去的一年有很多事情让我回忆起自己的学生时代。记得一次外语课程，我们坐在草地上。老师让我们每个人讲一讲自己想变成何种动物。

我说自己想变成一种蚂蚁，我也不知道为什么会说出这个答案。

老师很诧异。别人都想变成老鹰，变成狮子，变成大象，你为什么想成为一只蚂蚁呢？

我说，在一只蚂蚁眼中，极小的一块地方就是一个广袤的存在，充满着未知与神秘，一如我们现在坐的草地，我们几分钟可以走过的距离，但是对于蚂蚁而言就是一辈子。

据说高飞的蚂蚁是不会摔死的，但是高飞的大象，摔下来一定会粉身碎骨。

一直以来，我都觉得自己不过像一颗渺小的尘埃，风把我带到我从未向往的高处，相信有一天风也会把我轻放在神秘莫测的他处。

人总是害怕失去不配拥有的一切，这也是一种极大的贪婪与背叛。无论如何，最重要的，是做一个忠于每天职责的人。

我已经拥有了自己从未想过的名气与声誉，但是名气不过只是一种气体，它看似属于你，又不属于你。你会感受到它给你带来的温暖、凉爽与惬意，也会感到它带来的凛冽、寒冷与刺痛。但是，作为尘埃的我，只能随风而动。

所谓声誉，最重要的是你最爱之人的评价，那些愿意和你建立真实的关系之人的评价。

如果他们给你打了一个大大的差评，那么你获得的无数赞誉也毫无意义。

柯勒律治说："到处是水却没有一滴水可以喝。"在虚拟世界中，我们朋友遍及世界，但也许没有多少朋友可以真正地交心。

海水是苦涩的，海量的信息只能带给人无法饮用的饥渴感，海量的朋友带给人的可能也是没有朋友的孤独感。

愿大家都能走进真实的世界，关注真实具体的人，拥有真实的友谊。

威廉·詹姆斯有一部小说，说的是一位贵妇人在剧院里为剧中人物的悲惨命运啜泣不已，但她的马夫就在戏院外面冻得快要死去。

抽象的人永远无法代替具体的人，愿我们能够走出这种习以为常的伪善，在每个岗位中勤勉度日，不负所托。

英文中的今天意味着礼物（present），中文中的今天多一点就是命令。我把今天既看成礼物，又当作命令，需要把今天一点一点地过好，完成每天的命定。

前方的道路不可预知，有着各种可能，生命充满着神秘莫测，祝各位一路平安。

不悲伤、不犹豫、不彷徨。

但求理解。

2021 年 10 月于北京亦庄

法治的细节

作者 _ 罗翔

产品经理 _ 张晨　　封面设计 _ 董歆昱　　内文排版 _ 吴偲靓

技术编辑 _ 顾逸飞　　监制 _ 马伯贤　　出品人 _ 吴畏

营销团队 _ 毛婷 孙烨 石敏

果麦

www.guomai.cn

以 微 小 的 力 量 推 动 文 明

图书在版编目（CIP）数据

法治的细节 / 罗翔著 . -- 昆明：云南人民出版社，
2021.11（2024.1 重印）
ISBN 978-7-222-20433-1

Ⅰ.①法… Ⅱ.①罗… Ⅲ.①法律—中国—通俗读物
Ⅳ.① D920.5

中国版本图书馆 CIP 数据核字 (2021) 第 194611 号

责任编辑：刘　娟
责任校对：和晓玲
责任印制：马文杰

法治的细节
FAZHI DE XIJIE

罗　翔　著

出　版　云南人民出版社
发　行　云南人民出版社
社　址　昆明市环城西路 609 号
邮　编　650034
网　址　www.ynpph.com.cn
E-mail　ynrms@sina.com
开　本　880mm×1230mm　1/32
印　张　9
字　数　220 千字
版　次　2021 年 11 月第 1 版　2024 年 1 月第 32 次印刷
印　刷　河北鹏润印刷有限公司
书　号　ISBN 978-7-222-20433-1
定　价　49.80 元